HISTOIRE
DE L'ABBAYE ROYALE
DE SAINT-MARTIN DU CANIGOU

Prise de repossession de l'Abbaye de Sain... in du ... u, le 1... nove... 1902...

HISTOIRE

DE L'ABBAYE ROYALE

DE

SAINT-MARTIN DU CANIGOU

(DIOCÈSE DE PERPIGNAN)

Par le Chanoine François FONT

CURÉ DE SAINT-JOSEPH (PERPIGNAN)

Honorée de cinq Lettres Épiscopales et de Généraux d'Ordre
Et couronnée par la Société archéologique, scientifique et littéraire de Béziers
(Premier prix : Grande couronne de laurier en argent)

SUIVIE

DE LA LÉGENDE ET DE L'HISTOIRE

DE L'ABBAYE DE SAINT-ANDRÉ D'EXALADA

PAR LE MÊME AUTEUR

Cibavit nos pane lacrymarum, et posuit nos in contraditionem vicinis nostris. (Ps. LXXV.)

Il nous a nourri du pain des larmes et nous a exposé aux attaques de nos voisins.

PERPIGNAN

IMPRIMERIE DE CHARLES LATROBE

1, Rue des Trois-Rois. 1

1903

A LA MÉMOIRE

DU GRAND POÈTE

JACINTO VERDAGUER

l'Auteur du poème CANIGO

LETTRE

de Mgr de Carsalade du Pont, évêque de Perpignan

Mon cher Monsieur le Curé,

Je bénis de tout cœur le projet que vous avez formé d'écrire l'histoire de l'Abbaye de Saint-Martin du Canigou. Cette histoire vient à son heure ; elle s'impose en ce moment où la vieille et célèbre abbaye se relève de ses ruines. Faire connaître ses origines, son développement, son action religieuse et sociale dans le diocèse d'Elne, n'est-ce pas rendre ces ruines plus vénérables encore et attirer vers elles les regards des généreux fidèles. L'historien de Saint-Michel de Cuxa était d'ailleurs tout désigné pour écrire l'histoire de Saint-Martin du Canigou ; après avoir célébré la mère vous célébrerez la fille ; vous aurez ainsi raconté l'histoire d'une grande et illustre famille monastique. Votre second livre trouvera, je n'en doute pas, auprès du public, la faveur que le premier y a rencontrée.

Encore une fois je bénis l'ouvrier et son œuvre ; et puisque vous avez la pieuse intention de consacrer à l'œuvre de restauration que j'ai entreprise le produit de la vente de votre livre, je souhaite de tout mon cœur que le succès le plus complet couronne votre généreux dessein.

Agréez, mon cher Monsieur le Curé, la nouvelle assurance de mes sentiments affectueux et dévoués en Notre-Seigneur.

† JULES, évêque de Perpignan.

LETTRE

de Monseigneur l'Évêque d'Urgel (Espagne)

RÉVÉREND DOM FRANÇOIS FONT,

Curé de la paroisse de Codalet.

Grande a été ma satisfaction, très cher et très estimable Monsieur, en recevant votre lettre et les deux manuscrits qui contiennent l'histoire des anciens monastères de Cuxa et de Saint-Martin du Canigou.

Alors que les ruines de ces deux célèbres Abbayes allaient en partie disparaître, vous ne pouviez rien faire de mieux, ni consacrer les moments libres que vous laisse votre ministère sacré à chose plus digne qu'à présenter à la génération présente, dont les pensées visent presque toutes la terre, ce double monument de vertu et de sainteté.

C'est d'abord à Cuxa, en effet, que brilla avec une grande renommée de sainteté son Abbé Protase, ancien archidiacre d'Urgel, lequel avec la bénédiction de son évêque, était allé en toute hâte se réunir aux cinq moines échappés à la catastrophe du monastère de Saint-André d'Exalada, le premier fondé dans le Conflent, et avec eux s'était rendu auprès du roi Charlemagne pour lui demander avec sa protection la permission de construire dans la vallée de Cuxa le monastère dont il devint le premier Abbé.

Vous êtes dans le vrai, très cher et très estimable Monsieur, lorsque vous dites qu'à Cuxa et à Saint-Martin du Canigou brilla une magnifique succession d'Abbés et de moines, les uns et les autres remplis de sainteté et dont la renommée attira des personnages même d'Italie. C'est, en effet, vers la solitude de la première de ces deux Abbayes qu'accourut Pierre Uséolo, doge de Venise et roi de Dalmatie, devenu un si grand saint, ainsi que le vénère l'Eglise. Là encore vint le fondateur des Camaldules, le grand patriarche saint Romuald, qui essaya dans une forêt les commencements de son ordre érémitique.

Là, le comte Oliba, l'un des plus grands personnages de son temps, converti par saint Romuald, consacra à Dieu deux de ses enfants, tandis qu'un troisième, le comte Guifred devait fonder le monastère de Saint-Martin du Canigou, s'y faire moine, devenir un sujet héroïque d'édification et mourir comme meurent les saints, et que un quatrième devait devenir archevêque de Narbonne, après que son père fut allé se retirer sur le mont Cassin où il prit l'habit religieux et mourut en grande odeur de sainteté.

Vous avez eu la sainte inspiration de tirer de l'oubli tous ces exemples de vertu et beaucoup d'autres qui ne pourront qu'inspirer des pensées généreuses, sinon à la génération présente, incrédule et matérialiste, du moins à celle qui suivra, mieux instruite par les châtiments divins.

Je suis profondément convaincu que Cuxa et Saint-Martin du Canigou ne sont pas condamnés à disparaître pour toujours. Vous, avec vos deux histoires si intéressantes, vous nous faites reparaître l'esprit de ces deux monastères, et j'espère que la lecture de l'un et de l'autre fera naître dans des cœurs généreux le désir d'élever de nouveau ces murs sacrés et de les peupler d'anges sous la forme humaine.

En attendant, je vous félicite avec tout mon cœur d'évêque pour ces deux savantes Histoires que je recommande à tous mes prêtres et pour lesquelles je vous souhaite le plus heureux succès.

† JOSEPH, Evêque d'Urgel.

Rome, le 29 juin 1878.

LETTRE

de Son Eminence le Cardinal Placide-Marie Schiaffino

Ancien Evêque de Nyssa
et ancien Supérieur général de la Congrégation de Mont-Olivet
de l'Ordre de Saint-Benoît à Rome

Mon Cher Abbé,

Je viens de lire votre bel ouvrage sur la célèbre Abbaye de Saint-Martin du Canigou que vous vous proposez de publier prochainement. Je le juge une œuvre d'intelligence et de patience. N'est-il, pas en effet, le résultat de vos nombreuses et infatigables recherches et le fruit de votre talent qui a su coordonner admirablement tous les documents relatifs à cette Histoire.

Je vous félicite de tout mon cœur, et suis surtout très heureux que votre travail tourne à l'honneur du clergé et au grand profit de la société. Hélas! la société est bien malade. Les ravages politiques et religieux ouvrent des plaies dans les cœurs. Dans bien des âmes se font sentir la nécessité de se retremper dans le silence du cloître, et l'histoire d'une grande Abbaye pourra peut-être inspirer à quelqu'un la sainte pensée de la relever. En tout cas, vous ferez une excellente œuvre en portant les âmes de vos frères dans un milieu où brille avec éclat la sainteté du disciple de saint Benoît.

Recevez, mon cher Abbé, les expressions sincères de mon estime respectueuse.

✝ Placide-Marie, Cardinal.

Rome, 19 mars 1880.

LETTRE

du Révérendissime Abbé du Monastère de Saint-Benoît du Mont-Cassin, Monseigneur Nicolas d'Orgemont, à l'Auteur

CHER MONSIEUR LE CURÉ,

Je vous félicite d'employer si noblement à la recherche des traditions du passé et des documents historiques si chers à l'Eglise et à l'Ordre du grand Patriarche monastique de l'Occident, les instants libres qui vous restent, après avoir donné à vos ouailles vos soins empressés. A en juger par les quelques extraits que j'ai eus sous les yeux, j'en conclus que votre ouvrage intéressera vivement ses lecteurs. Je vous offre mes félicitations à ce sujet, heureux de voir tirer de l'oubli tout ce qui touche à notre Ordre, et vous prie d'agréer l'assurance de ma profonde estime.

† NICOLAS D'ORGEMONT, O. S. B.
Abbé du Mont-Cassin.

Mont-Cassin, le 25 novembre 1880.

LETTRE

de Dom Albert Gibelli, Abbé général
de la Congrégation des Bénédictins Camaldules

Monsieur et bien cher Curé,

Vos deux précieux manuscrits, si savants et si intéressants pour tous les enfants de l'Église, doivent intéresser surtout, tout particulièrement le premier, les fils de saint Romuald, humbles héritiers de leur saint Patriarche.

Les pages que vous consacrez à ces premières années de notre saint ordre au pied des Pyrénées, sont pour nous les plus vivantes et les plus émouvantes. Merci mille fois.

Si vous avez trouvé le secret de nous transporter d'une manière aussi dramatique à cet âge d'or de notre cher institut, si vous avez trouvé le secret de raviver dans nos âmes le désir de reproduire les vertus de nos glorieux ancêtres, soyez assuré que nos bienheureux fondateurs, saint Benoît et saint Romuald, vous obtiendront des grâces toutes particulières pour gouverner l'importante paroisse confiée à vos soins, et donner à vos fidèles l'exemple des vertus sacerdotales qui ornent votre âme et dont le parfum se répand d'une manière si naturelle sur les pages que vous avez daigné m'envoyer, et qui sont en même temps le fruit de votre piété et de votre profonde science.

Recevez donc, bien cher curé, avec l'expression de ma vive gratitude, l'hommage de toute ma sympathie et de mon profond respect, vous priant d'agréer en échange des deux si intéressantes histoires de Cuxa et de Saint-Martin du Canigou, ce volume sur notre monastère de Saint-Grégoire au Celius, dont je suis le très humble auteur.

D. Albert Gibelli,
Abbé général
de la Congrégation des Bénédictins Camaldules.

Rome, le 12 avril 1890.

––––––––––

EXTRAIT

du Rapport sur le Concours des Mémoires historiques
et Monographies locales
de la Société archéologique de Béziers

Cette année, dit M. Noguier, l'auteur du rapport, nous constatons avec bonheur que les concurrents sont plus nombreux que d'habitude. Six mémoires ont été soumis, dont nous parlerons aussi brièvement que possible. Il est essentiel cependant de justifier le classement qui a été fait.

Une œuvre importante, intitulée *Histoire de l'Abbaye royale de Saint-Martin du Canigou* avec cette épigraphe dont l'allusion est par hasard tout à fait de circonstance : *Cibavit nos pane lacrymarun, et posuit nos in contraditionem vicinis nostris* (Psaume LXXV) « Il nous a nourri du pain des larmes et nous a exposé aux attaques de nos voisins » a obtenu la **Couronne de laurier en argent, 1ᵉʳ Prix.**

Son auteur est M. Font, curé de Codalet et de Saint-Michel de Cuxa.

Nos auditeurs peuvent se souvenir que M. Font a été déjà couronné l'année dernière pour la Monographie d'une autre abbaye roussillonnaise.

En matière historique, notre règlement n'exclut pas les lauréats des précédents concours. Un ouvrage nouveau peut obtenir sans inconvénient une nouvelle récompense. Les travailleurs qui persistent dans la bonne voie ont droit avant tous les autres à nos encouragements, et les grévistes seuls ne méritent, à nos yeux, ni grâce, ni amnistie, ni surtout d'indemnité.

L'histoire d'une association, même d'une association monacale qui a vécu près de huit cents ans, ne saurait être indifférente aux amis des choses passées. M. Font nous initie à son existence religieuse si respectable et aussi à tous les incidents de sa vie intime.

Les sources principales auxquelles il a puisé sont :

1º Les diverses archives publiques et privées du Roussillon ;

2º Les inventaires des titres de l'Abbaye, l'un dressé en 1586 par l'illustre bénédictin Jean d'Agullana, visiteur apostolique, et l'autre en 1787 par F. Serra, notaire de Perpignan, que le Conseil royal de la Province avait délégué à cet effet.

Les documents inédits sont nombreux et les plus importants sont reproduits in extenso, excellente habitude qu'on ne saurait trop recommander. La liste complète des Abbés a pu y être établie sans aucune interruption depuis l'an 1009 jusqu'à 1782, et c'est la base solide de tout l'ouvrage. Conformément à la règle démocratique de Saint-Benoît, les Abbés étaient élus par le suffrage universel des moines, mais après l'élection ils exerçaient un pouvoir absolu sur leurs électeurs. L'obéissance de ces derniers était passive, et le travail des mains prenait une bonne partie de leur existence.

Exposée aux vicissitudes politiques de la Province, notre Abbaye avait besoin, comme les seigneurs laïques, de s'assurer des moyens de défense ; et malgré cela, elle ne put pas se mettre à l'abri ni éviter les coups terribles que des ennemis acharnés lui portèrent dans des attaques inattendues.

Dès son début, le monastère de Saint-Martin eut la bonne fortune de posséder les reliques saint Gualdéric qui obtinrent dans le pays un immense succès de dévotion. Le mode de leur acquisition n'est pas sans causer quelque surprise. En 1004, Guifred, comte de Cerdagne, fondateur de l'Abbaye, envoya des émissaires dans le Haut-Languedoc avec mission de se procurer des reliques à tout prix. Ceux-ci enlevèrent sans scrupule, de nuit et avec effraction, le corps de saint Gualdéric, qui était déposé suivant les uns dans la crypte de Saint-Sernin de Toulouse, et suivant les autres dans l'église de Viéville. On lui fit à Saint-Martin une réception triomphale.

Ce n'est pas un fait unique ; il s'est reproduit fréquemment et en divers lieux. (Voyez *Histoire du Languedoc*, t. v, p. 5.)

Ce sont là des témoignages d'un état particulier des esprits et qui prouvent comment à cette époque la violence des mœurs se mêlait aux sentiments les plus exaltés de la foi chrétienne. Les théologiens allaient jusqu'à agiter la question de savoir s'il est permis ou s'il est défendu de voler de saintes reliques. De nos jours, les auteurs de ces pieux larcins obtiendraient tout au plus le bénéfice des circonstances atténuantes.

Les démêlés des hommes et les violences qui s'en suivent, si glorieuses qu'on veuille les faire, sont peu de chose à côté de leurs œuvres littéraires ou artistiques. C'est par celles-ci que les na ions prouvent leur vitalité et qu'elles perpétuent leur souvenir, même après leur disparition. Aussi les religieux bénédictins se recommandent-ils à notre estime, surtout parce qu'ils ont été des hommes de labeur intellectuel. Ils ont fondé la science historique moderne en sauvant de la destruction les documents les plus précieux, et les monuments de tout genre qu'ils nous ont laissés commandent l'admiration.

Sachons gré à M. Font d'avoir fait beaucoup d'efforts pour mettre en lumière ce qui reste encore du monastère du Canigou. Il a exploré ses ruines et il nous montre l'église abbatiale à peu près intacte, dont la date (1009) est certaine, et dont l'architecte, chose bien rare, est connu. C'est un moine de l'Abbaye nommé Sclua et qui en fut le premier Abbé. Ces précisions donnent un vif intérêt aux dispositions générales de l'édifice et à tous les détails qui s'y rencontrent. Il en est de même du clocher, du cloître et des autres dépendances conventuelles. Ses chapiteaux demeurés en place et ceux recueillis au village voisin de Casteil mériteraient une étude iconographique plus approfondie, appuyée de dessins ou mieux de photolithographies.

Au milieu des ruines de Saint-Martin, derrière le chevet carré de l'église se voit le tombeau en arcosolium du Comte Guifred qui le creusa de ses mains dans un rocher pendant ses années de retraite. Il est taillé suivant les formes du corps, étroit aux pieds, s'élargissant graduellement jusqu'aux épaules et sommé d'un évasement circulaire propre à recevoir la tête; en un mot, il est à la mesure de celui qui devait l'occuper et l'on dit qu'il lui servit de cellule et de lit avant de devenir sa dernière demeure.

L'église de Casteil a recueilli deux magnifiques bas-reliefs en marbre venus des tombes abbatiales ; l'un est de 1308 et l'autre de 1314. Dans son trésor figure une nappe de lin, rareté sans prix, car elle a été brodée en 1018 par l'épouse du Comte Guifred. Son nom est dessiné dans la broderie et fait partie du tissu lui-même. Elle n'a qu'une petite déchirure due à l'indiscrète curiosité de quelques dames qui voulurent, dans ces derniers temps, se rendre compte du mode de tissage employé.

La calligraphie était cultivée à Saint-Martin comme dans toutes les maisons de l'Ordre. On peut citer un beau manuscrit sur vélin et relié en bois avec des revêtements de lames d'argent, décorées au repoussé, enfin un nombre considérables de volumes in-folio couverts de planches de chêne.

Ces merveilles bibliographiques appartenaient à M. De Montpré, dernier Abbé commendataire, et ont disparu avec lui dans la tourmente révolutionnaire.

C'est M. de Montpré qui vendit, en 1785, au Docteur Barréra, les bains de Vernet, parce que, est-il dit dans l'acte de vente, ils tombaient en ruine. Le brillant succès de cet établissement thermal a justifié les espérances de sa charité.

N'oublions pas que l'éducation des enfants fut de tout temps une des préoccupations de nos religieux. Dès le XIe siècle une fondation spéciale avait pourvu à ce besoin qui ne fut jamais oublié par eux.

Les moralistes ont beaucoup disserté sur les inconvénients de la fortune, et après eux je n'ai pas la prétention d'en dégoûter mes contemporains. Il n'en est pas moins certain qu'elle a aussi ses conséquences fâcheuses pour les individus ainsi que pour les êtres collectifs. Les couvents n'échappèrent pas à cette loi ; leur âge d'or fut l'âge de leur pauvreté. Les habitants de ces phalanstères chrétiens devenus peu à peu possesseurs de grandes propriétés donnèrent lieu à ce brocard spirituel : « *Nihil habentes sed omnia possidentes* », ils n'ont rien, mais ils possèdent tout. La règle primitive se relâcha malgré les efforts des réformateurs qui surgirent de temps à autre. D'autre part, la cupidité s'ingénia pour les dépouiller ; un premier amoindrissement résulta de l'union fréquente de la dignité d'Abbé à une mense épiscopale.

La Commende fut un système plus déplorable encore, car il se généralisa et dura plus de trois cents ans. Le premier Abbé Commendataire de ce genre, de Saint-Martin du Canigou, fut le Cardinal d'Aragon, Aloys, en 1506 ; et plus tard, en 1540, le Cardinal Césarini remplaça Don Jean Sirach, qui jouit, le premier de tous les Abbés de Saint-Martin, du privilège de la mître.

La distribution des bénéfices moindres à certains dignitaires de la communauté devint aussi très préjudiciable. Ces bénéficiers avaient leurs maisons, leurs domestiques et ne participaient pas à la vie claustrale. Toutes ces causes jointes à bien d'autres amenèrent une décadence rapide.

Saint-Martin du Canigou finit par la sécularisation, le 2 septembre 1787. Réduits à cinq et avancés en âge, les membres du Chapitre ne purent pas se soumettre à la nouvelle réforme qui était de rentrer dans la vie commune.

Enfin nous terminons notre rapport, en adressant à M. Font des félicitations sincères pour avoir mis au jour, avec une œuvre très importante, des documents nouveaux et inédits : c'est l'essentiel pour donner de l'intérêt à un travail de ce genre.

M. NOGUIER,
Rapporteur des Mémoires historiques de la Société
Archéologique de Béziers.

AVANT-PROPOS

Si nous nous sommes déterminé à écrire aussi l'Histoire de l'abbaye royale de Saint-Martin du Canigou, c'est que, après le désir de ressusciter des souvenirs précieux qui se rattachent à notre pays, elle fait suite à celle si intéressante de l'abbaye de Saint-Michel-de-Cuxa. Le monastère de Cuxa existait depuis déjà deux siècles, lorsque celui de Saint-Martin vit ses fondements posés par une colonie bénédictine que l'illustre Guifred, comte de Cerdagne, avait appelée de ce premier couvent.

Les débuts de cette Histoire de l'abbaye du Canigou sont remplis d'intérêt aux deux points de vue historique et religieux. Ils découvrent, avec des faits frappants, un homme exceptionnel au point de vue du sacrifice et de l'abnégation, une âme héroïque dans la personne du comte que nous venons de nommer.

Une chose ensuite qui étonne, c'est que, après des débuts très heureux, cette abbaye ait été souvent éprouvée par de grands malheurs. Des épreuves du dehors et du dedans l'ont, en effet, assaillie pendant une longue durée de son existence. Elle a été bien prospère pendant un siècle, car, fondée en 1007, la série de ses malheurs a commencé en 1114, date hélas ! trop fameuse de la donation de cette abbaye à celle de Lagrasse (Aude) par le comte Bernard Guillaume, petit-fils de Guifred ; donation arbitraire, faite au mépris des prescriptions des papes et des dernières volontés de ses fondateurs, et qui fut en réalité le point de départ des troubles et des épreuves de cet infortuné monastère.

Malgré ses malheurs et ses moments de décadence, il a été pourtant une grande école où primaient la sainteté et la science.

Au point de vue spirituel comme au point de vue séculier, son Abbé jouissait des mêmes privilèges que celui de Saint-Michel-de-Cuxa. Il avait une juridiction quasi-épiscopale sur ses prêtres et leurs paroissiens, et sa qualité de seigneur haut-justicier lui donnait plein pouvoir sur ses vassaux.

La commende et le séquestre hâtèrent la décadence de cette abbaye. Autant elle avait bien commencé, autant elle finit tristement. Sur son refus d'accepter la réforme, imposée à l'Ordre bénédictin en France, qui consistait à reprendre la vie commune, le pape et le roi lui imposèrent la sécularisation, ce qui arriva en 1787. Elle eut une durée de 780 ans.

A cette abbaye étaient annexés les prieurés de Saint-Romain de Llupia, de Saint-Estève-del-Monastir, de Notre-Dame de la Garrigue et de Notre-Dame de Mudagons.

Ses revenus valaient environ 8000 livres : ceux des officiers claustraux allaient depuis 700 jusqu'à 1800 livres. Ces officiers claustraux étaient à la nomination de l'Abbé pendant les quatre mois ecclésiastiques, et à la nomination du pape pendant les huit autres mois.

Parmi les documents qui ont servi à la composition de notre Histoire de Saint-Martin du Canigou, les uns sont inédits, et ils sont nombreux ; nos investigations de tout genre les ont dénichés non seulement dans certains bureaux de notaires, où la poussière et les vers commençaient à en faire leur pàture au détriment de l'histoire, mais aussi, dans de vieilles armoires, à Casteil, à Vernet, à Corneilla et à Villefranche, etc. ; les autres, devenus la propriété ou de nos bibliothèques publiques ou des archives de la Préfecture et destinés par conséquent à passer au domaine de la publicité, n'étaient guère plus connus, malgré que certains archivistes et quelques chronologistes les eussent collectionnés, en un certain temps, dans des rayons, pour faciliter aux amateurs le moyen de les trouver.

Deux inventaires des titres de l'abbaye du Canigou, le premier dressé en 1586 par le visiteur apostolique, l'illustre bénédictin Dom Jean d'Agullana, et le second en 1787, par Me François Serra, notaire de Perpignan, délégué à cet effet par le Conseil souverain du Roussillon au monastère même de Saint-Martin que les lettres patentes du roi et du pape allaient séculariser, nous ont puissamment aidé à composer la liste complète de ses Abbés.

La compilation de tous ces documents, parfaitement authentiques et coordonnés chronologiquement, c'est ce qui compose notre Histoire.

Si chaque science a sa langue, si l'histoire ne parle pas comme la théologie ou l'éloquence de la chaire, nous croyons avoir évité d'empreindre notre style d'une dévotion quintescenciée, et avoir donné à notre travail, on s'en apercevra, son véritable caractère : la simplicité.

Nous terminons ce court préambule qui donne une idée générale de l'existence huit fois séculaire du monastère de Saint-Martin, par un mot sur la montagne du Canigou et sur un de ses contreforts où on bâtit notre illustre et royale abbaye :

La montagne du Canigou tire son nom de sa forme et de ses neiges éternelles : *Canum jugum*. Belle montagne qui est la tête sublime et blanchie d'une province. De loin, elle attire le regard par son jet d'une altitude de près de 3.000 mètres, élancement de granit d'un dessin dont rien au monde ne surpasse la puissance et la pureté ; de près, la montagne du Canigou est tout un grand système de forêts mystérieuses, de vallées profondes, d'abîmes, de rochers superposés, de glaciers, de lacs, de cascades, de rivières, un monde entier se cache dans ses flancs.

Sur la rive droite d'un des affluents de la rivière de la Tet, en un lieu grandiose et sauvage, à égale distance, ou peu s'en faut, de la base et du sommet du Canigou, le comte Guifred ou Guifre, par une inspiration véritablement hardie, conçut et réalisa le projet de suspendre une abbaye ; c'était entre le ciel et la terre, pour ainsi dire : Abbaye aujourd'hui ruinée, silencieuse dans ses tristes décombres et que le Canigou semble pleurer. Qui nous donnera un comte Guifred et des âmes éprises d'étude et de silence pour rendre cette abbaye à cette montagne ? Cette parure à cette beauté ? Cette œuvre de la religion à cette œuvre de Dieu ?

Un personnage auguste, d'hier seulement parmi nous, a senti, à l'occasion d'une longue visite à ces désolantes ruines, son âme s'émouvoir, se remuer... Elles lui ont parlé... et lui, épris aussitôt d'un sentiment généreux et du désir de faire revivre le passé glorieux dont elles sont aujourd'hui les seules traces, a répondu : « Je commencerai à rendre une partie de cette œuvre

de la religion à l'œuvre de Dieu, l'église conventuelle de ce monastère à cette montagne. »
C'est dire que le pieux et savant évèque de
Perpignan, Monseigneur de Carsalade du Pont,
veut relever les ruines du sanctuaire de Saint-
Martin pour redonner à son cher diocèse le
grand pèlerinage si pieusement honoré par nos
vaillants ancètres.

RÉCIT PAR UN PÈLERIN

de la prise de repossession de l'Abbaye de Saint-Martin du Canigou

le 11 Novembre 1902

par Monseigneur de CARSALADE du PONT

ÉVÊQUE DE PERPIGNAN

C'est, sur la blanche route, jusqu'au Vernet, un long et bruyant chapelet de voitures. L'on est surpris de ne plus retrouver sur cette route l'éternelle poussière dont les baigneurs, tous les ans, maudissent les aveuglants tourbillons. Mais il était dit que, ce jour-là, tout serait pour la plus grande gloire de Dieu et la plus grande commodité des pèlerins.

On salue, en passant, l'antique clocher de Corneilla. Mais, au milieu des arbres jaunissants d'où il émerge, son vieux front de granit à beau solliciter plus longtemps notre admiration, nos regards le quittent bientôt, pour chercher là-haut, à l'horizon lointain qui se rapproche, sur les flancs dentelés du Canigou, un autre clocher qui va être le roi de la journée. Le voici, dont la jaune silhouette se détache tout à coup sur le fond sombre de la montagne. Les initiés le montrent du doigt à leurs voisins : « C'est lui! C'est Saint-Martin! » et tous se plaisent à admirer le merveilleux décor que font autour de lui les ramifications prolongées des Pyrénées.

Mais déjà les premières maisons de Vernet-les-Bains nous dérobent le paysage : les voitures s'arrêtent; il faut descendre et prendre à pied le chemin de Casteil. Tant mieux! outre que, dans notre voiture, il faisait plutôt froid, l'excursion va enfin devenir pittoresque. Du pittoresque ! eh bien ! oui, on va nous en servir ! C'est dans le pittoresque le plus pur que notre journée tout entière va se dérouler.

Vous vous rappelez, sans doute, ce chemin qui, du Vernet à Casteil, serpente au fond de la vallée, côte à côte avec la rivière. Vous l'avez vu en été et je ne doute pas que ce soit un bon moment pour jouir de la beauté d'un paysage. Mais j'ai toujours trouvé que les paysages d'arrière-saison ont un charme particulier, alors que l'automne a mis sur les feuilles ses teintes de pourpre, d'argent ou de cuivre. Cette variété de couleurs que l'on retrouve presque à chaque arbre, impressionne le regard et l'âme bien autrement que le vert uniforme de l'été. Imaginez donc dans ce sentier de Casteil ainsi diversement coloré par l'automne, des centaines de pèlerins, munis de leur sac à provisions, ayant en bandoulière leur gourde, leur jumelle ou leur appareil photographique et s'avançant par groupes bruyants sous les branches des châtaigniers !

Cependant tout le monde est arrivé au lieu du rendez-vous, sur la place de Casteil. On attend que l'heure ait sonné et que tout soit organisé pour partir en procession vers la « Terre Promise ». On profite de ce court répit pour serrer la main aux amis et jeter un coup d'œil curieux sur la foule qui vous entoure. Elle est immense : deux mille personnes. Il y a du monde partout, et le spectacle est très beau de cette multitude où le bonnet catalan et le chapeau « à la française » voisinent pacifiquement, presque réconciliés ; où la redingote coudoie fraternellement la soutane ; où le surplis des prêtres français et le camail des bénéficiers espagnols piquent de blanc et de rouge l'ensemble des toilettes sombres. Mais M. le curé de Vernet-les-Bains, le grand cérémoniaire de la journée, a bien vite fait, avec son activité intelligente de tout disposer : il a même fait distribuer à tout le monde un exemplaire des *Goigs de Sant Martí* et un autre où se trouvent, délicieusement imprimés entre encadrement et vignettes, deux cantiques en catalan à *Nostra-Senyora del Canigo*.

Il y eut un remous dans la foule. Je me retourne et je vois, au fond de la rue, sortant de la maison Cases, deux crosses, l'une en bois, l'autre en or ; et immédiatement, derrière, à cheval, la silhouette blanche du R. P. Antoine, abbé de la Trappe, et la silhouette moitié violette, moitié rouge de Mgr de Carsalade. Je me suis laissé dire que plusieurs perpignanais s'étaient décidés à faire partie du pèlerinage, un peu par la perspective attrayante de voir leur évêque en selle. Le fait est que le spectacle n'était point banal ; et Monseigneur, je vous assure, n'avait pas l'air si mauvais cavalier. Aussi, il fallait voir, à tous les tournants du sentier, les amateurs de tout sexe braquer sur nos évêques à cheval leur appareil indiscret. Mais l'indiscrétion vous vaudra de jouir à votre tour du joli spectacle : car j'imagine que cela va être aux vitrines et sur les cartes postales la curiosité à la mode.

La procession s'est donc mise en marche. En tête, voici la vieille croix d'argent de l'abbaye, devenue depuis un siècle le fief d'Oreilla, et que porte M. l'abbé L. Cornovol, curé de cette paroisse. Puis, c'est le blanc étendard du « comte Guifre, par la gracia de Deu, comte de Conflent y de Cerdanya. » Les reliques sœurs de saint Martin et de saint Galdric, qui montent revoir leur ancienne église ; Notre-Dame de Sous-Terre qui, elle aussi, après plus de cent ans d'exil, revient dans sa première demeure. Escortant ces glorieux restes du passé, plus de cinquante prêtres, espagnols et français, tous en habit de chœur ; et, terminant la blanche théorie du clergé, nos deux évêques toujours à cheval. Enfin c'est la foule immense qui, à son tour, en quittant Casteil, entre peu à peu dans le sentier et prolonge indéfiniment la queue de ce serpent monstrueux qui va se dérouler sur les flancs de la montagne. Quand la procession est ainsi tout entière dans les lacets du chemin et que le regard peut l'embrasser d'un bout à l'autre dans son ensemble, l'effet est prodigieux ; le coup d'œil est féerique. Ce que j'ai vu, ce que je vois encore dans mon imagination, je voudrais le mettre sous les yeux du lecteur ; mais je sens que je suis impuissant à traduire par des images ou des couleurs ma vision intérieure. Il y a des beautés que seuls les talents supérieurs peuvent décrire ; il est défendu aux autres d'y toucher, de peur de les amoindrir, j'allais dire de les profaner.

Cependant, la procession continue sa marche au milieu du grandiose décor que forme pour cette grandiose cérémonie le Canigou avec ses gorges abruptes et ses crêtes neigeuses. L'on marche et l'on chante. Déjà, à Casteil, Monseigneur a demandé que l'on entonne, sur l'air de *Montanyas regaladas*, le cantique à *Nostra-Senyora del Canigo;* et depuis, tout le long de la route, le chant n'a pas été interrompu. Un tel air sur une telle montagne ! Je vous laisse à penser quel entrain, quel enthousiasme ! ce ne sont pas seulement nos voix, ce sont nos cœurs, nos âmes, c'est notre être tout entier qui passe dans ces strophes mélodieuses et vibrantes. Le Canigou, là-haut, dut tressaillir, lui qui depuis si longtemps n'entend plus que les mugissements de l'orage, le souffle des vents et la voix de ses cascades, lorsque, de crête en crête et d'écho en écho, lui arriva, dominant tous les bruits de la montagne, le salut fraternel des âmes catalanes.

A notre droite, la gorge que nous côtoyons se creuse de plus en plus profonde, le murmure de son torrent nous arrive de plus en plus confus. Nous montons toujours. Le temps est superbe ; le soleil est chaud ; personne ne se plaint de la fatigue. Bientôt, nous dominons à notre gauche toute la vallée qui se prolonge jusqu'à Vernet. Ce sont, à nos pieds, des champs, des prairies, et là-bas, tout au fond, des villas qui, comme des nids d'oiseaux, se blotissent sous les branches. L'on ne peut se rassasier d'un tel spectacle. Et pendant que l'on regarde, que l'on chante et que l'on marche, la Terre Promise se rapproche. Tout à coup, à un détour du chemin, voici le bien-aimé clocher qui peu à peu émerge derrière la crête. Nous l'avons maintenant en face, et des pieds à la tête notre regard peut à son aise l'embrasser et le juger. Il est là, debout, solitaire, indestructible, au milieu des ruines que le temps a couchées autour de lui. Sur ces ruines il semble veiller

et regarder si personne ne vient les relever! Oui, le voici qui
vient ton Sauveur, ton Libérateur ! Heureux clocher, réjouis-
toi! La vieille église que l'on a profanée malgré ton ombre
protectrice va renaître ; tu entendras de nouveau les chants et
les prières de tes vieux moines ; et toi-même, depuis si longtemps muet, on va te redonner ton ancienne voix cristalline.
Celui qui opérera cette résurrection, ce nouveau comte Guifre,
regarde bien, ô vieux clocher, le voilà qui baise, à genoux, tes
pieds de granit. Puisse vraiment ce baiser d'un évêque faire
tressaillir les fibres de pierre et y faire de nouveau passer
la chaleur et la vie.

*
* *

Nous sommes à Saint-Martin. A l'exception du clocher, ce
ne sont que des ruines. Cependant l'église, depuis qu'on l'a
déblayée, produit sur ceux qui la revoient une impression
moins attristante. Elle s'étend, avec ses trois nefs toujours
délabrées, sa voûte aux deux tiers affaissée, ses murs d'où par
endroits les pierres se détachent ; mais sous ce délabrement,
on la devine majestueuse et coquette; et l'on se dit qu'il vaut
bien la peine qu'on essaye de la relever. « Seulement, me disait
un Espagnol des Jeux floraux de Barcelone, il ne faudra pas
faire ce que vous faites trop souvent en France, de restaurer
l'antique en l'affublant d'ornements modernes. » Je ne sais si
le reproche est mérité, avouant sur ce point ma parfaite incom-
pétence. Mais mon interlocuteur avait l'air si convaincu et en
même temps si aimable que je n'osai le contredire. Je le
rassurai pourtant sur ce qui regarde Saint-Martin, lui faisant
remarquer que sous la direction d'un homme de goût et d'art
comme est notre évêque, les choses ne peuvent que bien se
passer. « Et croyez, ajouta-t-il, qu'il ne faudra pas beaucoup
d'argent. Avec 500.000 francs, on s'en tirera ». Naturellement,
il ne s'agissait que de l'église, de la crypte et un peu du cloître
qui longe la crypte. Je crus avoir mal compris et je fis répéter.
« Oui, rien que 500.000 francs », insista-t-il, étonné lui-même
de mon étonnement. Mais, Monsieur, c'est à peine si dans

tout notre département on pourra en recueillir cinquante mille ! — Cinquante mille ! mais Barcelone seule les enverra. » Que Monseigneur se le tienne pour dit, et puisqu'il y a à côté de nous des portes qui s'ouvrent si facilement, qu'il ne manque pas d'y frapper...

L'église cependant s'est remplie de pèlerins. Monseigneur est à l'autel, assisté de M. l'Archiprêtre de Prades, de M. le Supérieur du Petit-Séminaire, de M. le curé de Puigcerda, de M. de Castelbajac et de M. Bazan, professeur au Grand-Séminaire. La grand'messe commence. Des. centaines de voix entonnent la *Royale*. C'est émouvant et magnifique. Un frisson a dû courir à travers les vieilles murailles : à ces accents qu'elles reconnaissent, les pierres ont tressailli ; endormis depuis plus d'un siècle, les échos se sont réveillés ; et dans leurs tombes séculaires, les grandes ombres des vieux moines se sont sans doute levées pour assister, heureuses et invisibles, au divin sacrifice.

Exagérations poétiques ! direz-vous peut-être. Mais non ; la poésie que vous trouvez sous ma plume, était dans les lieux, dans la cérémonie ; et je n'ai qu'un regret, celui de ne pouvoir vous exprimer fidèlement ce que tout le monde avec moi ressentait. Oui, l'on sentait très bien que là, sous ces vieilles voûtes délabrées, nous, les pèlerins, nous n'étions pas seuls, mais qu'au milieu de nous, étaient les générations passées ; et tous ensemble, les morts et les vivants nous avions le même bonheur de revoir la divine Victime immolée de nouveau sur cette sainte montagne. Quand la cloche de l'acolyte annonça l'élévation, je vis sur bien des visages une émotion qu'ils ne pouvaient tenir cachée. Je vous avouerai ingénûment que les larmes me vinrent aux yeux. Et vraiment l'heure était solennelle.

Mais les impressions de ce grand jour ne peuvent se compter, et il faut que je passe vite : il y a encore tant de choses à vous dire ! Un mot d'abord du magnifique discours prononcé par le R. P. Ernest, des Capucins de Perpignan. Sans doute, au degré d'émotion où les choses elles-mêmes avaient monté nos âmes, il était facile de les faire vibrer. Mais

j'oserai dire que cette facilité d'émotion chez l'auditeur cons-
tituait précisément pour l'orateur une difficulté spéciale,
dont vous vous rendez parfaitement compte. D'autre part, le
sujet était si beau, la circonstance était si grande qu'on était
en droit d'exiger beaucoup. Le P. Ernest fut à la hauteur de
toutes les exigences. Il triompha de toutes les difficultés.
Avant qu'il ouvrit la bouche nos âmes vibraient déjà: sa
parole eut l'heureux privilège de ne contrarier, de ne briser
aucune de ces vibrations: elle leur donna au contraire une
force et une intensité nouvelles. Plusieurs fois pendant son
discours, l'auditoire se trouva littéralement enlevé : — par
exemple, lorsque, après avoir raconté le mélancolique dialogue des *Deux Clochers,* il montra les grandes ombres du
comte Guifre et de l'évêque Oliva, revenant, dans la personne
de Monseigneur de Perpignan, ressusciter leur antique et
chère abbaye: — lorsque, surtout, faisant allusion à la dernière
manifestation des évêques français, il déclara, d'une voix
inspirée et d'un geste hardi, que « malgré toutes les persécu-
tions, la France ne peut mourir, tant qu'elle aura de tels
évêques pour marcher à sa tête. »

*
* *

Monseigneur à son tour prend la parole, et c'est en catalan
qu'il chante son rêve enfin réalisé. Car son discours est véritablement un chant qui déborde et s'échappe de son cœur
d'évêque. — « Aujourd'hui, dit-il, d'une voix vibrante d'émotion, Dieu est redescendu sur le Canigou pour le sanctifier à
nouveau ; aujourd'hui, ici, au milieu de ces ruines, il s'est
sacrifié pour le salut de tout le peuple catalan ; aujourd'hui, il
a pénétré dans les entrailles de la montagne pour la féconder
de son sang généreux. C'est dès ce jour surtout que le peuple
catalan, quand il chantera la sublimité de sa montagne
sainte, pourra dire :

> Montanyas regaladas
> Son las del Canigo,
> Que tot l'istiu floreixen
> Primavera y tardor.

Monseigneur raconte comment, au moment où il s'occupait de remonter à Saint-Martin les reliques de ses saints patrons, le comte Guifre, fondateur du monastère, mort depuis 800 ans, a, pour ainsi dire, soulevé la pierre de son tombeau pour lui parler, à lui, l'évêque du Canigou. Et il récite la belle prière à saint Galdric qu'il a dernièrement retrouvée, écrite de la main même du comte Guifre: « Il y a là, dit-il, une circonstance vraiment providentielle, et c'est pour moi une raison de poursuivre mon œuvre avec plus d'activité et de confiance... Aujourd'hui, continue le prélat, au nom de la Catalogne, vous avez fait, sur la grande montagne catalane, une profession de foi catholique; et, en entendant ce chant de votre foi, je me disais: La foi catalane ne mourra jamais, non, elle ne mourra point malgré tous les efforts, car, aujourd'hui, elle prend sur cette montagne des racines et une sève nouvelles. Votre profession de foi me semblait un écho de tant d'autres professions de la même foi qui ont retenti jadis sous ces murailles. Ah! si ces murs, tant de fois séculaires, pouvaient parler, que ne diraient-ils point de la foi de tant de générations de vos ancêtres qui sont venus ici, avant vous, chanter la gloire de Dieu? Catalogne! c'est la terre de la foi! la foi a toujours été la grande inspiratrice des catalans; c'est elle qui a fait ce peuple grand et fort... » Enfin, Monseigneur exprime sa joie de se voir ainsi accompagné par son peuple, en cette chère montagne; — et tout à coup, abandonnant sa crosse et étendant ses bras dans un geste plein de grandeur: « Maintenant, dit-il, avant de vous quitter, je lèverai mes mains consacrées, ici, dans ce berceau de la race catalane, pour demander au Dieu Tout Puissant, qu'il fortifie entre Barcelone et Perpignan les liens de fraternité qui les unissent. Que Catalogne soit toujours riche et prospère! Et, en vous bénissant, vous, Catalans de l'autre versant et vous mes fils bien-aimés du Roussillon, je demande pour Perpignan et pour Barcelone, la paix, l'abondance et la liberté! »

Malgré la sainteté du lieu les applaudissements éclatent. Nos frères d'Espagne, plus ardents que nous, n'ont pu maîtriser leur enthousiasme.

La fête religieuse se termine par le chant solennel d'une
absoute pour le repos du comte Guifre, de la comtesse Guisla,
sa femme, de tous les moines qui pendant huit siècles ont
vécu dans l'abbaye et dont nous foulons sous nos pieds les
ossements devenus poussière.

Et voici que l'on annonce une fête d'un nouveau genre : ce
sont les *Jeux Floraux* de Barcelone qui vont tenir leur
séance annuelle sous la présidence de Monseigneur. Mais
Monseigneur comprend que la chose est un peu précipitée, et
il prévient que ce n'est qu'après quelques instants de répit que
la séance s'ouvrira. L'on se disperse donc, et, comme c'est
déjà midi sonné, chacun cherche autour de l'abbaye un coin
commode pour y déployer son sac à provisions. En un clin
d'œil, tout le monde est installé; et c'est un spectacle charmant
que ces petits groupes de pèlerins essaimés sur la montagne,
remplissant de cris joyeux et de rires bruyants, ces rochers,
ces pelouses depuis si longtemps solitaires. Mais c'est à peine
si l'on prend le temps de vider son sac; car on a hâte de
revenir à l'église où la fête des Jeux Floraux s'ouvre déjà.

De cette fête, que vous dirai-je? Bien que l'on y parle notre
langue, je veux dire le catalan, nous sommes loin de tout
comprendre, surtout dans la poésie. Nous sentons pourtant
qu'il y a là, dans ces strophes qui sonnent étrangement à
notre oreille, de fort belles choses, et nous en comprenons
toujours assez pour applaudir. Ce qui m'intéresse surtout c'est
l'attitude des académiciens. Je trouve à nos frères de l'autre
versant une puissance d'enthousiasme, une force d'émotion
que n'ont point les français les plus méridionaux.

Il est curieux de voir aux beaux endroits leur physionomie
s'illuminer, leurs yeux pétiller, leur bouche se récrier et leurs
mains applaudir. Il y a dans ces âmes une sève ardente qui
bouillonne et à tout moment déborde.

Une autre chose intéressante, c'est la nomination et l'instal-
lation de ce qu'ils appellent la Reine des Jeux Floraux.
N'ayant plus de royauté politique, les catalans de Barcelone
essayent de s'en consoler par cette royauté littéraire. La reine

est choisie par le premier lauréat de l'année, lequel, dans son choix, n'a qu'à consulter ses préférences personnelles. Cette année, c'est une jeune femme « enthousiaste catalane, parait-il, et fortement attachée à toutes les gloires de la terre de Catalogne. » Le président du Consistoire lui offre un bouquet de fleurs cueillies le matin même sur le Canigou et liées par un long ruban jaune et rouge. Elle monte s'asseoir à côté de Monseigneur qui, fort gracieusement, lui souhaite la bienvenue ; et ce voisinage de la jeune reine timide et souriante et du grave prélat forme un contraste charmant.

Quand les lauréats sont proclamés et les prix distribués, la nouvelle reine doit, selon l'usage, clôturer la fête par un discours : mais, ce discours, il est réglé que c'est le premier lauréat qui le prononce. Ici, je comprends tout et je vous assure que la jeune reine a tenu à ses sujets un fier langage. Elle les suivra, dit-elle, partout et toujours, durant cette année que durera son règne, exprimant le regret qu'ils ont tous que ce règne soit si court, qu'il ne se prolonge pas indéfiniment. En terminant elle s'engage à revenir avec ses sujets, l'année prochaine, à pareil jour, sous cette voûte alors probablement restaurée. Et tous de souscrire par des applaudissements à cette promesse. Tout à coup, un cri s'élève : « *Visca Rossello !* » auquel répond de l'autre côté de la nef le cri de : « *Visca Catalunya !* » et pendant deux minutes ce dialogue sublime se poursuit, de plus en plus nourri, de plus en plus vibrant entre les catalans d'Espagne et les catalans de France : « *Visca Rossello ! Visca Catalunya !* » L'enthousiasme est à son comble ; l'émotion est générale ; bien des larmes coulent ! c'est beau ! c'est grandiose !

⁎

La grande journée est finie. Un dernier regard, un dernier adieu, un dernier souhait à Saint-Martin, et l'on redescend les pentes de la montagne, emportant dans son âme le souvenir d'une chose si belle que l'on croit ne l'avoir vue qu'en rêve !

Désormais, le vieux clocher de Saint-Martin du Canigou ne se plaindra plus à son frère le vieux clocher de Saint-Michel de Cuxa, de son abandon au milieu des rochers, des vents et des oiseaux de proie. Il ne demandera plus si l'on vient enfin relever les ruines au milieu desquelles il veille, seul, depuis plus de cent ans. Plus heureux que son frère de la plaine, il a vu le grand jour de la Résurrection.

J. M.

HISTOIRE

DE L'ABBAYE ROYALE

DE

SAINT-MARTIN DU CANIGOU

CHAPITRE PREMIER

Récit de la fondation de l'Abbaye royale de Saint-Martin du Canigou en 1007

Dans un des plus beaux vallons qu'arrose la rivière de Cady de notre Conflent (1), existe un village du nom de Corneilla (2) où les comtes de Cerdagne s'étaient bâti un magnifique château dont on voit encore aujourd'hui quelques traces. C'est là qu'ils résidaient de préférence à tout autre lieu, parce que la nature y offre des charmes et un site d'une aménité incomparable.

De ces comtes le plus remarquable entre tous, c'est le comte Guifred qui fut le fondateur de l'Abbaye royale de Saint-Martin du Canigou. Il descendait par Oliba Cabreta I, son père, et par son aïeul Miron, du comte Humfrid, surnommé le

<hr>

(1) Partie du troisième arrondissement du département des Pyrénées-Orientales.

(2) Ce village jouit depuis des siècles de la perle des églises du Conflent, ainsi que l'appelle M. de Bonnefoy. — Le portail de cette église est l'un des

chevelu *(pilosus)*, ancien seigneur de Ria, marquis de Gothie, comte de Barcelone et gouverneur souverain du Roussillon. (Voir l'arbre généalogique de cette illustre famille dressé par David Blondel, t. II, p. 19 de son Histoire).

Si nous en croyons les *Gesta comitum barcinonensium,* cap. 1, et la *Marca hispanica,* p. 539, cet ancien seigneur de Ria, Guifred-le-Chevelu, serait à son tour le fils d'un certain miles (seigneur) du nom de Guifred et de sa femme Ermessinde, tous deux habitant le château seigneurial de Ria(1). — « Temporibus si quidem retroactis fuit quidam miles (2) nomine Guiffredus de villa quæ dicitur Arrianum, quæ est sita in territoris Confluente

plus remarquables échantillons de l'art roman dans notre pays. Sur le frontispice de cet inappréciable travail on y lit :

> *Heredes vitæ. Dominam laudare venite*
> *Per quam vita datur: Mundus per eam reparatur.*

La construction de cette église qui est à trois nefs et formant parfaitement le transept remonte au commencement du douzième siècle, en l'année 1102, époque où le comte de Cerdagne, Guillaume-Raymond, institua à Corneilla, avec le consentement de Mgr Artaud, évêque d'Elne, le monastère des chanoines réguliers de Sainte-Marie sous la règle de Saint-Augustin.

Pourquoi ne dirions-nous pas aussi que le retable du maître-autel de cette église si fine et si délicate n'est pas moins admiré que l'édifice qui le renferme? C'est un charmant ouvrage de sculpture en marbre blanc, d'une époque où, comme l'a dit M. Villemain, le génie bâtissait des idées avec des pierres.

Ce beau travail reproduisant diverses scènes, en relief, de la vie du Christ a été exécuté en 1345, par un artiste de Berga (Catalogne) nommé Cascall, ainsi qu'en témoigne l'inscription suivante :

« Anno Domini MCCCXLV idibus maii fuit istud retrotabularium completum per Magistrum Jacobum Cascalli de Berga, nomine Reverendi Domini Berengarii de Aticiato Dei gratia Prioris hujus Monasterii. »

(1) Village à un kilomètre de Prades, remarquable aujourd'hui par ses usines métallurgiques. Les ruines de son château existent encore. Elles se montrent sur un des rochers au-dessus du village et n'échappent pas aux yeux du voyageur qui suit la route nationale.

(2) C'était pour mieux assurer la défense de la marche d'Espagne contre les Maures que Charlemagne y avait établi ce que, en langue teutonique, on appelle des vassors, personnages auxquels, en récompense de quelque

juxta amnem quæ vocatur Thesis (Tet). » Et c'est de ce miles et de sa femme Ermessinde, ajoute Marca, que naquit Wifred-le-Chevelu qui fut le premier comte héréditaire de Barcelone.

Toutes ces données nous permettent de conclure que Ria a été le berceau de la famille qui a donné le jour à l'illustre comte Guifred, dont nous allons nous occuper à cause de la fondation qu'il fit de l'abbaye de Saint-Martin du Canigou.

Toutefois, avant d'entrer dans notre sujet, nous devons dire pour l'intérêt du lecteur, pour la gloire de notre Conflent et pour l'honorabilité de cette

vertu guerrière, le prince accordait une certaine quantité de terres à la charge, de la part du concessionnaire, d'être soumis et fidèle au souverain. Le vassor cédait, à son tour, une partie de ce qu'il avait reçu à d'autres personnages qui se plaçaient sous sa dépendance et qui étaient des vassassors ou arrière-vassaux de la couronne.

Un grand nombre de Goths de la péninsule, qui s'étaient adjoints à l'armée française pour combattre les Sarrasins et qui s'étaient valeureusement distingués, reçurent en récompense de leurs exploits ce privilège de la part du Roi dont ils avaient volontairement accepté la nationalité de préférence à tout autre.

Vers le règne de Charles-le-Chauve, les vassors prirent le titre de barons, du mot teutonique *bar* qui signifie homme, comme pour dire *l'homme du prince*. Il est vraisemblable que l'expression catalane *rich-hom* qui répondait à celle de *baron*, fut l'expression en langue romane (ou languedoc), de ce même *bar*, auquel on ajouta l'épithète de riche, à raison sans doute des grandes terres dont ceux qui en étaient honorés étaient redevables à la libéralité du souverain.

Après les barons qui formaient la première noblesse, venaient les chevaliers-milites, gratifiés aussi comme les vassors des libéralités du prince pour leur héroïsme dans les luttes qu'ils avaient soutenues contre les Maures. Celui qui était investi de cette qualité prenait le titre de *Dominus* ou *Domnus*, seigneur.

Ces explications étant données, il semble qu'il est naturel de conclure que le miles qui motive cette note (titre donné aux guerriers d'origine Gothe à cause de la libéralité de territoire qui leur était faite par le souverain) est ce seigneur cité ci-dessus dans le texte latin, à qui le roi donna la villa d'Arrianum pour le récompenser de ses exploits guerriers, après l'option qu'il dut faire de la nation française, et qui, par sa femme Ermessinde, a été le père de Guifred-le-Chevelu (pilosus) duquel descend comme nous l'avons déjà expliqué, le comte Guifred, fondateur et moine de Saint-Martin du Canigou.

famille, que si le château de Ria a été le berceau des comtes de Cerdagne et de Barcelone, il a donné aussi par ces mêmes comtes des rois à l'Aragon, à la Castille, à la Navarre, au Portugal, à Naples, etc. — Les Bourbons de France, d'Espagne, de Naples et de Parme en descendent également par les femmes. — C'est ainsi que le roi de France que Perpignan vit mourir dans ses murs, le 5 octobre 1285, Philippe III dit le Hardi, se rattache à la famille de Wifred de Ria, par sa mère Marguerite fille d'Alphonse, comte de Provence, qui tenait ce comté de son père Alphonse, roi d'Aragon, dont le père, Raymond Béranger IV, comte de Barcelone, avait épousé Pétronille, reine d'Aragon.

Si, comme on le voit, cette race illustre a eu sa grande part dans le gouvernement temporel des hommes, la divine Providence lui réservait aussi une grande part dans le gouvernement spirituel des âmes. Elle a pris, en effet, dans son sein plusieurs personnages illustres qui ont été des collaborateurs officiels de l'Église militante. Notre *Histoire de l'Abbaye royale de Cuxa* mentionne les noms des Archevêques qu'elle a donnés à Narbonne, des Evêques qu'elle a donnés à Elne, Gérone et Urgel, et les noms des religieux dignitaires dont les abbayes du Mont-Cassin, d'Arles, de Ripoll et du Canigou avaient été dotées.

Guifred, comte de Cerdagne et de Conflent, et sa femme Guisla habitaient déjà depuis plusieurs années le château de Corneilla (1004). Non loin de cette résidence comtale, se présentait sur le sommet d'un des contreforts du Mont-Canigou une petite église dédiée à Saint-Martin. Elle était le but d'un de ces pèlerinages si nombreux et si pieusement honorés alors en Roussillon. Guifred et sa femme le faisaient souvent. Ils enrichirent même ce temple solitaire de donations d'alleux et de fermes. Une charte, datée du 2 des ides de juin 1005, relate que Guifred, sixième comte de Cerdagne et du Conflent, fils et successeur d'Oliba Cabreta, donne conjointement avec sa femme Guisla, à l'église de Saint-Martin, *ad domum Sancti Martini... tibi Sancto Martino,* — l'alleu qu'ils ont à Algadet, territoire de Vernet, et une ferme à Maryans (1).

Au reste, avant eux, de pieux personnages l'avaient aumôné en 997 d'alleux à Souanyas, de vignes à Còmes et à Sahorre, et d'une ferme à Molitg (2).

En 1007, le 8 des calendes d'avril, la même église reçoit d'un nommé Adbert et de sa femme Richel un alleu au territoire de Sahorre (3). Le 5 des ides de mai suivant, la comtesse Ermengarde, mère du comte Guifred, veuve d'Oliba Cabreta, l'a gratifié d'un de ses alleux au territoire de Llupia (4). Enfin, le 2 des ides de juillet de la même année 1007, le comte Guifred et Guisla sa

(1) Inventaire n° 5 des titres de l'abbaye du Canigou dressé en 1586 par le visiteur apostolique dom Jean Agulland.

(2) Donations simplement mentionnées dans le même inventaire.

(3) Idem.

(4) Idem.

femme, pour le dixième qui lui compète (1) donnent à l'église de Saint-Martin — *ad domum Sancti Martini* — située sur la côte du mont Canigou, tous les alleux qui leur appartiennent à Vernet et dans son territoire ; un autre à Millas ; un autre encore à Llupia, afin que, disent-ils, ce même lieu Saint-Martin, soit édifié en l'honneur de Notre-Seigneur Jésus-Christ, qu'il y soit attaché des hommes qui militent sous la règle du bienheureux Père saint Benoît, et que, selon la volonté et le privilège du Pontife romain et de l'évêque d'Elne, on y serve perpétuellement le Tout-Puissant (2).

Par la volonté du comte Guifred si clairement manifestée par ces quelques lignes, nous voyons que ce temple solitaire de Saint-Martin — *domus Sancti Martini* — devait devenir un monastère de Bénédictins. Il en fut ainsi, comme nous allons le raconter.

Le Comte de Cerdagne ne se contenta pas, en effet, des riches libéralités qu'il avait faites de concert avec d'autres personnages du pays, nous venons de le voir ; il voulut, sa piété le poussant, et engagé par les conseils de son frère Gausfred, Abbé particulier de Cuxa, faire de cet ermitage un couvent de disciples de saint Benoît. Depuis longtemps il était l'heureux témoin des services rendus par les moines de Saint-Michel ; ce qui fit qu'il

(1) Le dixième que la loi Gothe allouait aux femmes sur les biens de leurs maris.

(2) Paroles extraites d'un parchemin des archives de Saint-Martin qui s'est conservé parmi les documents nombreux du notariat actuel de Villefranche,

résolut de doter son pays d'un nouveau couvent
de ces remarquables pionniers de la foi et de la
civilisation. Donc, d'accord sur ce fait avec son
frère et le supérieur général Guarin, il tint à se
mettre aussitôt à l'œuvre.

Quelques moines partirent de l'abbaye de Cuxa
et vinrent au mont Canigou, au lieu désigné, où
commencèrent les travaux du nouveau monastère,
2 des ides de juillet 1007, sous la direction du
moine architecte Sclua (1) : *Structorem Sclua*.
Cette laborieuse entreprise ne tarda pas plus de
deux ans à voir sa fin, puisque l'église conventuelle fut dédiée à saint Martin le 4 des ides
de novembre 1009. Cette date ne peut pas être
révoquée en doute, car elle est donnée dans le
procès-verbal rédigé par l'évêque consécrateur.

Voici la traduction littérale de ce procès-verbal
extrait des archives de Saint-Martin et rapporté
par la *Marca Hispanica*, col. 962 :

« Moi, Oliba, évêque du siège d'Elne. — Je suis
venu au lieu nommé Canigo pour consacrer l'église
située en ce lieu, en l'honneur de Saint Martin,
évêque et confesseur, de la Sainte Vierge Marie
et de Saint Michel Archange et qu'on appelle
monastère de Canigo, construit sur cette montagne
par un prêtre et moine, nommé Sclua, du couvent
de Saint-Michel, sous les ordres du seigneur
Guifred, comte par la grâce de Dieu, et de sa
femme Guisla, qui ont enrichi la dite abbaye de

____

(1) Le nom de Sclua a été changé en celui de Selva par tous ceux qui n'ont
pas lu ou qui ont mal lu les manuscrits originaux.

vases sacrés et d'ornements sacerdotaux et l'ont dotée de plusieurs domaines, 4 des ides de novembre 1009. »

Nous allons dire en substance ce que relate le reste de l'acte : Les fondateurs appliquèrent à la nouvelle église les domaines qu'ils avaient donnés au vieux Saint-Martin, le 2 des ides de juillet 1007, en y ajoutant deux métairies, l'une à Sahorre et l'autre à Enveigt. Les assistants au nombre de vingt, tous très nobles, gratifièrent la nouvelle église de vingt vignes, situées à Ille, à Rigarda, à Tarerach, à Fourques, à Vinça et à Molitg. L'évêque assura et confirma en ce jour, tous ces dons à l'église de Saint-Martin, à la condition que les moines qui y serviront Dieu, dit-il, seront toujours sous l'autorité de la sainte Église d'Elne, sous la sienne propre et celle de ses successeurs.

Cette disposition particulière, imposée par l'évêque Oliba, ne put avoir sa raison d'être que pendant deux ans ; car, comme nous allons le voir, une Bulle du pape Serge vint l'annuler en 1011.

Dès le premier jour de l'existence du nouveau monastère, c'est-à-dire dès le jour de la consécration officielle de l'église conventuelle, les religieux de Saint-Martin n'eurent d'abord pour Abbé que celui de Cuxa. L'Abbé Gausfred, frère du comte Guifred, était mort depuis un an (1008). Un autre frère à lui, du nom d'Oliba II, fils aussi d'Oliba Cabreta I, converti à Cuxa par saint Romuald, lui avait donné, en 999, l'indicible consolation de venir se jeter à ses pieds pour qu'il l'acceptât dans la famille bénédictine. Eh bien, c'est celui-là même qui, neuf ans après son entrée dans l'ordre de saint Benoît, et après qu'il eut fermé les yeux à un saint, à celui qui lui était doublement cher et par les liens de la nature et par la paternité spirituelle dont il l'avait si ardemment entouré, fut nommé Abbé de Cuxa.

Il exerçait l'abbatiat depuis seulement un an, lorsque la Providence le choisit encore pour être le premier Abbé de la nouvelle abbaye du Canigou.

L'abbatiat d'Oliba à Saint-Martin, n'eut de durée que cinq ans, de 1009 à 1014. Pendant ce laps de temps, le comte Guifred voyant l'établissement de son œuvre assez bien consolidé, voulut lui faire donner la dernière sanction pour l'affermir d'une manière inébranlable. A cet effet, il sollicita du Saint-Siège la confirmation et la concession de l'église qu'il venait de faire bâtir et consacrer. Par une Bulle en date du mois de novembre 1011, le pape Serge IV lui accorda, en effet, cette église avec confirmation des biens qu'elle a acquis et qu'elle acquerra dans l'avenir, avec le pouvoir que les Abbés du monastère seront d'ores et déjà élus librement par la communauté, selon la règle de saint Benoît, et avec la défense rigoureuse à toute autorité humaine ou religieuse de s'immiscer dans cette élection. L'original de ce document mémorable, écrit en latin sur papyrus doublé de toile, se conserve précieusement à la bibliothèque publique de Perpignan. Il a été envoyé à Paris en 1842, par ordre du Ministre de l'Instruction publique qui en fit prendre un fac-similé. Aujourd'hui ce document est encadré d'une baguette ad hoc et exposé dans la grande salle de la bibliothèque pour être vu et lu de tous les amateurs. C'est là que nous en avons fait nous-même scrupuleusement la traduction littérale que voici :

SERGE, ÉVÊQUE

SERVITEUR DES SERVITEURS DE DIEU

Puisque par le consentement et la grâce de Dieu, la conduite tenue par nos prédécesseurs a été de veiller sur les prospérités et les infortunes de tous les hommes, de subvenir à leurs besoins et de leur faire le plus grand bien par des bénédictions apostoliques ; pour ce motif, Nous qui portons comme eux la Tiare et qui voulons en conséquence suivre leurs traces, afin que tous les hommes que le Seigneur a fait vivre de Notre temps, soient heureux, et qu'avec le secours de Dieu, le nom d'une si grande dignité porte continuellement grâce et profit ; comme aussi, Nous sommes chargé des fonctions de Pierre, prince des Apôtres, Nous voulons que nos décisions demeurent inébranlables de sorte qu'aucun laïque, aucun évêque, aucun clerc ne porte obstacle ou contradiction à Nos ordonnances, dans la crainte de nombreuses malédictions.

Or, attendu que vous nous avez demandé, cher comte Guifred, la concession de l'église de Saint-Martin, afin d'y construire un monastère, pour la rémission de vos péchés et ceux de vos parents, en cédant toutefois à cette sainte église une partie de vos domaines ; cette demande, mon cher Fils, Nous paraît bonne, et, avec l'assentiment du Souverain Roi, Nous vous accordons la sus-dite église avec toutes ses appartenances, et par Notre autorité apostolique, Nous confirmons et sanctionnons qu'elle devra à perpétuité rester inébranlable.

Nous accordons à cette église de n'être jamais soumise à la
puissance d'une autre, mais d'être toujours libre, placée dans
un rang élevé par des privilèges apostoliques, et de rester à
jamais comblée de gloire par elle-même. Quant à ses possessions, ses domaines ou entourages, avec toutes ses appartenances acquises jusqu'à ce jour ou qu'elle acquerra à perpétuité,
c'est-à-dire fermes, maisons de campagne, églises avec leurs
appartenances, paroisses, fonds de terre, cabanes, chaumières,
bergeries, terres cultivées ou incultes, champs, forêts, vignes,
prés, pacages des troupeaux, pressoirs, eaux, aqueducs,
routes, moulins avec leurs meules et prises d'eau, instruments
de pêche avec salines et fours à fabriquer la poix, toutes
choses acquises ou devant l'être, Nous en avons décrété la
possession et la jouissance paisible, sans la moindre inquiétude
au cloître de Saint-Martin dans la vallée du Conflent, sur le
mont Canigou, Mais Nous avons statué que, lorsque l'Abbé
de ce monastère viendra à mourir, ses successeurs n'y seront
établis ni par des Rois, ni par des Comtes, ni par quelque
autre personne que ce soit, pour de l'argent, ni pour la gloire
de quelque vaine faveur, mais que les Abbés y seront choisis
par tous les serviteurs de Dieu, vivant en ce monastère, conformément à la règle de saint Benoît.

Nous décrétons en conséquence et établissons dès à présent
qu'aucun roi, aucun prince, aucun marquis, aucun comte,
aucun juge, aucun évêque, aucun abbé ne prendra sur lui de
faire quelque violence, invasion ou asservissement dans ce
même monastère ou dans toutes ses appartenances. Ainsi, en
faisant cette promulgation, Nous défendons, sous la menace
d'être atteint par le jugement de Dieu et d'être interdit par
l'anathème, à tout personnage, grand ou petit, de quelque
qualité ou de quelque ordre qu'il soit, d'oser rien retrancher
de notre présent privilège apostolique ; et si quelqu'un, ce que
Nous ne croyons pas, faisant peu de cas de notre présent
privilège, tente de le violer, au nom de Dieu tout-puissant, de
son apôtre Pierre, et de Nous qui exerçons ses fonctions,
Nous le chargeons, s'il ne revient pas à résipiscence, des

chaînes de l'anathème. Mais, si quelque bienfaiteur de ce saint monastère l'a choisi, aimé et enrichi selon ses moyens, qu'il soit rempli de la bénédiction apostolique par l'intervention du Dieu tout-puissant et qu'il ait la joie de grandir de vertu en vertu.

Écrit par les mains de Benoît, notaire régional et archiviste de la Sainte Église Romaine, dans le mois de novembre, l'an MOXI, indiction 10me. Salut.

Réfutation d'une erreur relative à cette fondation

Nous devons à l'honneur et à la vénération dont doit être entouré par l'Histoire le souvenir de la famille du comte Guifred, de justifier précisément ce dernier d'une faute grave, que des traditions romanesques et quelques auteurs crédules et dépourvus de critique lui ont imputée.

D'après ces auteurs, la fondation de l'abbaye du Canigou serait due à une pénitence imposée à Guifred par le pape Serge IV, en expiation d'un homicide qu'il aurait commis sur la personne d'un de ses neveux.

Le plus ancien de ces auteurs est, à notre connaissance, le catalan Tomic qui, dans son *Histoire des Rois d'Aragon et des Comtes de Barcelone,* raconte que, les Maures ayant envahi la Cerdagne, le comte Guifred confia le commandement de ses troupes à un neveu. Celui-ci fut vaincu dans un combat et s'enfuit vers le Barida (au fond de la Cerdagne espagnole). Le

Comte vint fondre sur les ennemis, les mit en déroute et les poursuivit jusqu'au château de Saint-Martin-dels-Castells (dans ledit Barida). Etant entré dans l'église, il trouva son neveu qui s'y était réfugié et qui, voulant désarmer la colère de son oncle, prit un christ dans ses bras et lui prodigua des embrassements. Sans respect pour le lieu saint et l'image du crucifié, Guifred lui passa son épée à travers le corps. Le sang de son neveu jaillit sur lui, et c'est alors que, saisi d'épouvante, les remords s'emparèrent de son âme. Il partit aussitôt pour Rome afin d'implorer la clémence du pape Serge IV. Celui-ci lui promit le pardon de son forfait, à condition qu'il édifierait sur ses terres un couvent en l'honneur de saint Martin, et qu'il y vivrait en pénitent le reste de ses jours. Raymond Guifred promit d'obéir et obéit en réalité aux ordres du pape.

Ce récit a paru véridique à Poc et à Pujade; et à l'appui de leur croyance à un fait qui n'est que l'effet de l'invention d'un imaginaire, ils disent que le comte Guifred, ainsi que l'a exprimé le pape Serge dans sa bulle, avait demandé l'église de Saint-Martin, dans le but d'y établir un monastère pour la rémission de ses péchés et de ceux de ses parents.

Mais rien de plus mal imaginé que la prétention de ce motif, puisque des formules pareilles se rencontrent dans une infinité d'actes, de donations et de fondations religieuses de ces temps-là, et que la bulle de Serge IV attribue *expressis verbis* cette fondation à la piété du Comte.

Ce témoignage du pape est irrécusable ; car si celui-ci avait imposé la prétendue pénitence à cause du crime d'homicide, l'écrit pontifical ne l'aurait pas caché.

Une chose essentielle à remarquer chez ces historiens accusateurs, c'est qu'ils n'indiquent pas même la date de l'événement. Et comment la donner ? *lorsque l'Histoire ne signale plus d'invasion de Maures dans la Cerdagne depuis 150 ans au moins avant la naissance du comte Guifred.* Il est très facile à chacun de le vérifier, comme nous l'avons fait nous-même.

Une dernière preuve justificative de notre assertion, c'est que de Marca (col. 543) mentionne un historien, moine de Notre-Dame de Ripoll, qui, dans les gestes des Comtes de Barcelone, parlant du comte Guifred, explique tout au long sa pieuse fondation de l'Abbaye de Saint-Martin. Or, il ne dit pas un mot du prétendu homicide. Quelle raison aurait-il eu pour le cacher ? lui surtout qui recommande en plusieurs endroits de ses écrits l'impartialité historique.

Donc, le comte Guifred, et par lui sa famille, reste immaculé sur le piédestal que sa sainteté et sa gloire lui ont élevé devant les siècles, et du haut duquel il fait et fera toujours l'admiration de l'histoire impartiale.

Ecusson du Comte Guifre.

CHAPITRE II

Visite au village de Casteil

Nous sommes à Casteil, village construit presque au pied du couvent de Saint-Martin.

Son église actuelle, d'une construction récente et très pauvre, a été dépositaire en 1786, en vertu d'un arrêt du Conseil souverain du Roussillon et d'une décision de l'Evêque du diocèse d'Elne, d'objets qui l'enrichissent au point de vue historique, tous provenant de la célèbre abbaye du Canigou.

Après la niche sculptée en marbre blanc de toute nuance dont nous allons parler un peu longuement plus bas, le plus remarquable entre tous c'est une nappe d'autel brodée par la comtesse Guisla, première épouse du Comte fondateur du monastère.

Cet objet est on ne peut plus curieux quand on se reporte au temps où il a été brodé, 1018.

Pour s'en tenir aux prescriptions de l'Eglise, l'auteur choisit un lin des plus fins. La broderie est générale et faite avec de la soie jaune qu'on dirait du fil doré, verte et violette. Ce sont des

dessins délicats, exécutés avec un art incomparable et entourés de festons, où se dessine *le nom
brodé de la comtesse Guisla.* Jusqu'ici, ce nom a
échappé, nous croyons, aux yeux des amateurs ;
car de tous ceux qui ont parlé de cette nappe,
comme d'un objet d'art très remarquable, aucun
n'a dit qu'il portât le nom de Guisla ; et cela ne
nous étonne nullement. Si nous sommes arrivé
nous-même à ce résultat, c'est à notre sagacité
opiniâtre durant trois heures que nous le devons.

Ce qui fait surtout la beauté artistique de cette
nappe, c'est que ses deux côtés n'offrent aucune
différence dans la délicatesse du tissu : on n'y
reconnaît point du tout *l'envers.*

Il nous a été raconté, par le maire actuel de l'endroit, que des dames de haute condition, éprises
de ce genre de broderie et très désireuses de s'en
pénétrer, demandèrent, par l'entremise du propriétaire des bains de Vernet, la permission de
l'emporter dans leur résidence thermale, chose qui
leur fut accordée par une complaisance trop peu
avisée. Les détentrices examinèrent naturellement
à leur aise la broderie de l'antique nappe.

Arriver à la connaissance d'une broderie si
remarquable, c'eût été pour elles un magnifique exploit et une grande découverte. Elles s'y
firent des deux yeux et des deux mains, mais
inutilement. Sur ce, le ciseau intervint, et nos
trop curieuses dames, quoique affichant beaucoup d'éducation, eurent assez peu de délicatesse pour commettre l'inqualifiable inconve-

nance, voulant arriver à un résultat selon leur désir, de découdre certains endroits de la broderie; et aujourd'hui, ces décousures sont très apparentes et provoquent un sentiment d'indignation contre celles qui, pour satisfaire leur curiosité, n'eurent de respect ni pour l'antiquité de l'objet, ni pour l'ouvrage de son auteur.

Cette nappe est renfermée dans un écrin à forme rectangulaire. Le contenant est digne du contenu. Le bois et la couleur palissandre de cet écrin sont réellement remarquables. On n'a pas su nous dire la qualité du bois précieux qui a servi à le confectionner. Son couvercle porte l'écusson armorié de la famille Guifred avec l'inscription suivante: *Donnée par la comtesse Guisla, à Saint-Martin de Canigou, an 1018.* Nous avons fait reproduire cet écusson, qu'on trouvera hors texte.

Un objet non moins vénérable que celui dont nous venons de parler, c'est le dais de l'église abbatiale de Saint-Martin. Il est en soie rouge et porte une frange de même couleur, très large et bien riche. Son côté droit est décoré de l'écusson armorié des rois de Catalogne. Celui-ci représente saint Jean Baptiste, que surmonte une couronne royale, brodée en soie jaune, verte et blanche.

Une guirlande en fil doré contourne l'image et l'enrichit beaucoup. Du côté opposé, se laissent voir les insignes eucharistiques: une hostie qui surmonte un calice, le tout brodé aussi avec autant de richesse et d'art que l'écusson royal. L'une et l'autre de ces deux broderies portent une date de beaucoup postérieure à celle de la nappe: elle est de 1641.

Après ces deux objets, nous pouvons encore signaler, comme objet d'art, l'ostensoir, dont les rayons de la gloire sont décorés de pierres de toute couleur fixées sur des étoiles. Il est tout en argent massif. Sa tige et son pied sont ornementés de la feuille d'acanthe et de très belles guirlandes. Il mesure une hauteur de 5o centimètres.

La Vraie Croix, dont les quatre bras forment la Croix de Malte, est toute en argent doré. Elle est décorée dans chaque extrémité de ses bras fleur-delisés d'une pierre précieuse: saphir bleu, saphir vert, c'est-à-dire deux bleus et deux verts. Sa hauteur est de o^m5o.

Enfin, nous arrivons à la niche en arcade, vide hélas! du fameux sarcophage qu'elle renfermait derrière une grille en fer avant la Révolution de 93. Elle est du côté droit de l'église. Ses dimensions sont toujours les mêmes, puisque la matière qui avait servi à ériger ce monument de piété chrétienne à l'église supérieure de Saint-Martin, en l'honneur du comte Guifred et de sa sainte épouse, a été transférée là et n'en a pas bougé, sauf le sarcophage mobile que des mains révolutionnaires ont détruit, comme nous allons le dire, avec ce qu'il renfermait de sacré.

Nos lecteurs verront, par la suite de cette histoire de l'abbaye du Canigou, qu'en 1332, l'Abbé Béranger fit extraire les ossements des deux tombeaux primitifs des illustres époux, Raymond et Elisabeth Guifred, pour les enfermer dans un même sarcophage en marbre, qui fut placé en un lieu plus digne avec l'épitaphe que nous citons en son endroit. Plus tard ce même sarcophage et l'inscription qui le surmontait, furent transférés à l'église supérieure et placés dans une niche en arcade ogivale, fermée d'une grille en fer. Sur le sarcophage, une statue en marbre blanc représentait le Comte en chevalier armé de toutes pièces; et plus haut, on le voyait peint sur le mur, revêtu d'un froc.

Tous les ans, le jour où les religieux célébraient l'anniversaire de sa mort, ils paraient ce tombeau de mille fleurs. Eh bien, c'est ce même monument qu'on transféra, à la suite de l'acte accompli de la sécularisation de l'abbaye de Saint-Martin, le 11 du mois d'août 1786, à l'église paroissiale de Casteil. Un service funèbre très solennel y fut célébré pour le repos de l'âme des deux illustres fondateurs. Leurs cendres sont restées en paix, là, pendant sept ans, sous l'œil eucharistique de Celui qu'ils avaient si bien servi. Mais la tourmente révolutionnaire arrivant, la hache et le marteau de l'impiété et de la rage irréligieuse s'abattirent sur ce tombeau. Le sarcophage fut brisé, annihilé, et, par l'acte le plus satanique qu'on ait jamais vu, les cendres qu'il renfermait furent souillées et jetées aux vents. La Révolution, dans l'exécution de cet acte atroce et abominable, crut en finir avec le souvenir, qui la gênait, de la célè-

bre abbaye de Saint-Martin et de ses pieux fondateurs.

L'arcade ogivale, nous venons de le dire plus
haut, existe encore. Sur son mur du milieu, on y
lit l'inscription mortuaire ci-dessous; mais ce n'est
qu'un fac-similé sur un morceau de bois :

*Anno millesimo quadragesimo nono Incarna-
tionis Domini, pridie Kalendas Augusti, obiit
Guifredus Condam Comes nobilissimus qui sub
titulo beati Martini præsulis, hunc locum jussit
ædificari, unde et monachus fuit annis quindecim,
in nomine Domini nostri Jesu Christi; Cujus dicti
Comitis et uxoris ejus Elisabeth Comitissimæ corpora translatari fecit in hoc monumento Dominus
Berengarius de Columbario, Abbas istius loci,
anno millesimo trecentesimo trigesimo secundo.*

Deux magnifiques reliefs en marbre blanc, représentant chacun une scène de sépulture abbatiale,
font l'ornement de cette arcade. On y lit les épitaphes suivantes :

*Anno Domini (c'est celle du côté droit) MCCCIII,
VIII cal. Maii, obiit Fr. Guillelmus de Servolis, Dei
gratiâ abbas istius monasterii, unà cum fratribus
Petro et Bernardo, clericos. Requiescant in pace.*

Voici la seconde :

*Anno Domini MCCCXIV, III non. Augusti, obiit
Arnaldus Corbiaco, quondam Abbas monasterii
Sancti Martini Canigonensis, cujus anima requies-
cat in pace.*

Par le sens de ces épitaphes, il est certain que ces reliefs sont des pierres tumulaires qui avaient été placées sur les tombeaux des Abbés dont ils portent les noms, et qu'ils ont été transférés à l'église de Casteil pour ornementer le monument mortuaire du comte Guifred.

C'est tout ce que nous avions à dire des richesses que possède la pauvre église actuelle de Casteil.

De ce temple rural qui est presque extérieur nous entrons dans le village ; et, par ci par là, nous découvrons des beautés artistiques du magnifique cloître de Saint-Martin. Ici, c'est un tronçon de colonne qui soutient une fenêtre; là, c'est un riche chapiteau qui sert de décoration au fronton de la porte d'une grande basse-cour; là même, c'est un soubassement de colonne qui sert de siège au paysan ; plus loin, c'est une colonnade parfaitement bien remontée qui sert de rampe à l'escalier de la maison d'un riche propriétaire et de balustrade à sa terrasse.

Si le nombre des colonnes et autres débris que nous avons trouvés disséminés dans le village de Casteil ne nous induit pas en erreur, le cloître de Saint-Martin aurait eu huit arcades de longueur sur tout autant de largeur, carré parfait.

Cette construction remonte au XIe siècle, à l'origine du couvent. Ce qui fait la richesse des chapiteaux de ce monument tout en marbre rouge, c'est la variation dans les divers sujets qu'ils représentent : sur quelques-uns ce sont des hommes bizarrement accroupis, les mains posées sur les genoux et supportant avec effort le poids de la corniche. Sur quelques autres ce sont des hiboux déployant leurs ailes, des lions, des ours entrelaçant leurs pattes avec les pattes d'autres animaux, etc. Sur certains encore paraît d'une manière bien gracieuse la feuille d'acanthe, entourée de très belles guirlandes.

Nous nous arrêtons à cette rapide et faible esquisse de ce monument en ruines, regrettant de ne pas être un artiste accompli pour fournir au lecteur une pleine jouissance des beautés sculpturales qu'il renferme.

Après tout cet exposé, il ne nous reste qu'un mot à dire de nos multiples visites au domicile particulier de ces braves habitants de Casteil. Nous avons réussi, par de bonnes paroles, à leur faire exhiber, du fond de leurs très vieux coffres, des papiers qui nous ont intéressé beaucoup, car la plupart étaient de la provenance de l'Abbaye. C'est ainsi qu'ils nous ont fait connaître des noms très vénérables, remontant à une très haute antiquité. Par ces papiers encore, au moyen de quelques reconnaissances faites par qui de droit à certains propriétaires, nous avons appris qu'un officier claustral, l'infirmier, desservait la paroisse de Casteil. Enfin, ils nous ont révélé la juridiction civile et criminelle de l'Abbaye sur les habitants de Casteil, et l'usage que faisaient l'Abbé et les autres seigneurs claustraux d'un juge juridictionnel-temporel.

Visite aux ruines
de Saint-Martin du Canigou

Nous quittons Casteil pour nous acheminer vers les ruines de Saint-Martin, qui sont à une distance de trois-quarts d'heure.

Au sortir du village, on entre aussitôt dans une rampe bordée d'un mur d'appui ; c'est la voie de l'abbaye, aujourd'hui toute ravinée, et à certains endroits presque impraticable. Chemin faisant, on rencontre dans l'enclos même du monastère, qui s'étendait jusqu'à la *Porta forana* ou porte extérieure, les ruines d'une ancienne église appelée Saint-Martin-le-Vieux, autrefois église paroissiale de Casteil que desservait, nous venons de le dire, l'infirmier du monastère. Le desservant-moine n'avait qu'une très petite distance à faire, tandis que les paroissiens devaient grimper plus d'une demi-heure pour se rendre aux cérémonies.

Cette église, qui remonte au-delà du Xe siècle, est celle-là même qui était un but de pèlerinage et qu'avaient si bien enrichie les seigneurs de la contrée. Un peu plus loin, se montre, avec ses eaux fraîches et limpides, la fameuse fontaine creusée dans le roc à laquelle le comte Guifred a donné son nom. On l'appelle toujours la fontaine du Comte. Elle n'a jamais eu une autre dénomination. Quelques pas encore, et l'on a fini de gravir le pic

où se dressent les ruines de Saint-Martin. Naturellement, le voyageur s'arrête quelques instants et
admire, en se tournant, le magnifique panorama
qui se déploie majestueusement devant lui : Casteil
à ses pieds avec sa petite vallée qu'arrosent les
eaux de la rivière de Cady, Vernet en amphithéâtre
avec son superbe vallon parsemé de métairies
qu'entourent des bocages d'aulnes et borné par les
montagnes arides de Villefranche.

Le moment est donc venu de dire ce que sont
les ruines actuelles du monastère du Canigou.
L'église, presque intacte, est construite dans toute
la simplicité du style roman primordial. Elle repose
sur une crypte creusée en partie dans le roc. Elle
a trois nefs dont les voûtes en maçonnerie ordinaire sont portées par cinq colonnes. Celles-ci,
d'un style massif, sont de granit et mesurent une
hauteur de 1^m90, toutes surmontées d'un chapiteau
également massif avec un commencement de relief
grossier. De ces chapiteaux, les uns présentent des
fleurs de lis et les autres des écritures hiérogly-
phiques, assez semblables à celles que présentent
plusieurs des plus anciennes monnaies de France
et d'Aragon. Neuf de ces colonnes sont sur pied,
la dixième gît sur un tas de décombres qu'a produit un éboulement de la voûte de la nef de droite.
Cette église a une longueur de 15 mètres sur
10 mètres de largeur. Le sanctuaire porte aussi
sur six colonnes de même dimension que celles de
la grande nef. Il forme un carré parfait et mesure
10 mètres. A sa droite, on reconnaît l'emplacement

du chœur des religieux ; deux grandes ouvertures
à plein cintre donnent à ce lieu une telle destina-
tion. Vis-à-vis le chœur, c'est-à-dire à gauche du
sanctuaire, se montre la porte de l'escalier du clocher. Ce monument des siècles, qui est plutôt une
tour de guerre qu'un clocher, est du même style
que celui de Saint-Michel de Cuxa. Sa hauteur
n'est cependant pas si considérable. Il a un étage
de moins. Sa forme est carrée. Chacune de ses
faces porte, au premier étage, quatre ouvertures
romanes surmontées d'un cordon festonné. Quatre
ouvertures germinées décorent son deuxième étage.
Chaque face est divisée perpendiculairement par le
milieu au moyen d'une ligne de pierre saillante et
étroite. Au bas, au lieu de s'éloigner en contreforts,
il est perpendiculaire et laisse une ouverture en
voûte qui était le corridor de l'entrée principale du
monastère.

Si du clocher nous redescendons à l'église pour
nous diriger du côté de la nef de droite, là une
arcade à plein cintre nous indique une issue à la
terrasse du cloître ; et c'est par un escalier en ruines que nous arrivons à l'emplacement du monument remarquable que nous avons faiblement
esquissé. Ce lieu, dépouillé de son plus bel ornement, présente encore, sur pied, une galerie de
cinq arcades en maçonnerie. Une citerne se trouve
au milieu. Le sol du lieu du cloître est au niveau
de celui de la crypte, ce qui fait qu'on s'introduit
naturellement par une porte latérale dans cette
église obscure. Celle-ci est à trois nefs, comme

l'église supérieure, et mesure des dimensions semblables en longueur et en largeur. La voûte de la nef repose sur six piliers de face. Celle du sanctuaire repose, au contraire, sur deux colonnes qui sont à côté du maître-autel. L'abside de la nef du milieu est plus grande que les deux latérales. Cette église souterraine était dédiée à la Sainte Vierge et servait de lieu de sépulture aux Abbés. On remarque encore très visiblement les tombes tout le long de la crypte, plus particulièrement dans la nef du milieu.

Du côté du levant et en face du cloître, sont encore debout les murs de la maison abbatiale qui était loin d'être si riche et si grande que celle de Cuxa. Les autres locaux des moines, nous les trouvons autour de l'église, et certains sont bâtis hardiment sur le roc taillé à pic, à côté de précipices affreux dont la vue donne le vertige. Ils sont en face d'un escarpement de rochers boisés, dont la hauteur est très considérable et au pied desquels viennent se briser par certaines chutes les eaux de la Cady. De là, les yeux se portent au loin vers une tour perchée sur un mamelon parfait, complètement détaché de la grande masse du Canigou, et qui domine les rochers de Saint-Martin. On l'appelle la tour de Boga, du nom du site où elle est construite. Les religieux du monastère avaient en elle une forte défense pour se garantir des invasions de leurs ennemis. Mais, rentrons par la grande porte extérieure du clocher et arrivons au petit enclos où se trouve le premier tombeau du comte Guifred. Nous verrons au chapitre suivant que cet illustre personnage résolut en 1035, du consentement de son épouse Elisabeth, de se faire religieux. Dès son entrée au monastère, dégagé qu'il était de tout ce qui concerne ce monde, il s'imposa des macérations et des pénitences extraordinaires. Si on a dit de certains grands saints que, quoique vivants, ils étaient complètement morts, pour dire que rien ne les attachait à la terre et vivaient comme s'ils n'y étaient pas, on peut bien le dire aussi de Guifred ; car tout ce qu'il fit, trahit une âme qui se sent pressée de briser l'enveloppe de la prison du corps pour prendre son vol vers un monde meilleur. Un témoignage visible de ce détachement héroïque, qui dit aujourd'hui et qui dira toujours la grande sainteté de ce moine, c'est son premier tombeau creusé dans le roc, son œuvre à lui, que tout voyageur voit avec stupéfaction. C'est sur la partie basse d'un énorme rocher, qu'il employa une partie de son noviciat à se creuser ce tombeau. Une fois l'œuvre finie, sa cellule ordinaire fut abandonnée, et les nuits le voyaient enseveli dans ce sépulcre. La mort le surprit, en 1049, et on n'eut pas grands frais à faire pour lui procurer sa dernière demeure. Le ciseau d'un moine grava sur le couvercle l'inscription suivante :

Guifredi comitis cineres monachique beati
Artificisque loci continet iste lapis.
Fine suo Julius huic finem, mille sub annis
Bisquatuor quinis contulis atque novem.

La dépouille mortelle de ce grand moine est restée là en paix pendant 283 ans. L'abbé Béranger la fit extraire en 1332 pour la renfermer avec celle d'Elisabeth son épouse dans un même sarcophage. Nous parlerons plus loin de ce fait avec de plus longs détails.

Ce tombeau que nous signalons, en passant, à l'édification du lecteur, nous l'avons vu plusieurs fois. Il a la forme d'un corps humain et est parfaitement proportionné dans tous ses détails. Il a une longueur intérieure de 1^m80 et mesure une profondeur de 0^m60. Ses proportions en un mot sont telles, et nous pouvons le dire par notre propre expérience, qu'elles obligeaient le Comte à garder l'immobilité pendant toute la nuit. Quelle rude pénitence!!!

A une distance de 16 mètres, à droite, et sur la partie supérieure de ce même rocher, en dehors du mur de clôture, se trouve aussi le tombeau de la comtesse Elisabeth, seconde épouse de Guifred. Il n'a que 1^m30 de longueur, sur 0^m60.

L'extrémité de cet énorme rocher porte le nom de pic de Saint-Gaudérique. On y arrive par un chemin qui servait de promenade aux religieux. De là, le coup-d'œil est féerique, mais il ne faut pas trop s'aventurer pour atteindre son extrémité, car la hauteur qu'elle mesure, de son pic au fond du torrent, est effrayante. Vis-à-vis, à une distance d'un kilomètre dans l'espace, dresse aussi sa tête le pic de Saint-Martin. On arrive à ce lieu par une très longue terrasse à contours qui était aussi une promenade des moines. Ce pic est surmonté d'une bâtisse, aujourd'hui en ruines, qu'on appelle oratoire de Saint-Martin et qui servait de mirande. Réellement, de là aussi le point de vue est admirable.

Tels sont les renseignements pleins d'intérêt que nous tenions à cœur de donner sur les lieux et les ruines de l'abbaye royale de Saint-Martin du Canigou.

CHAPITRE III

Sclua, premier Abbé de Saint-Martin
de 1014 à 1044
Donation d'alleux

En 1014, l'abbé Oliba, supérieur général de Saint-Michel de Cuxa, de Notre-Dame de Ripoll et de Saint-Martin du Canigou, le comte Guifred et Bernard, son frère, comte de Besalu, exposèrent à l'évêque diocésain, Oliba, qu'ils avaient déterminé de mettre à la tête du nouveau monastère un Abbé pris dans le sein même de la communauté, vu que l'église était consacrée et suffisamment pourvue de revenus et de moines. Ils prièrent, en conséquence, ce prélat de leur donner et de nommer pour Abbé de Saint-Martin, Frère Sclua, qui avait construit le monastère. Cette demande était signée par l'Abbé Oliba, le comte Guifred, Guisla, sa femme, le comte Bernard et plusieurs moines (1).

L'évêque Oliba accéda à cette demande, qu'il ne pouvait pas d'ailleurs refuser, puisque d'après l'ordonnance de Serge IV, personne d'étranger au couvent ne pouvait s'immiscer à l'affaire du choix des abbés. Les convenances seules déterminèrent cette démarche. L'avènement du moine Sclua à la prélature abbatiale de Saint-Martin attira à ce monastère de riches donations. Le comte Guifred et d'autres grands personnages tinrent à doter le nouvel élu de plusieurs propriétés sises au territoire d'Ille, et notamment d'un alleu qui était à côté de l'ancienne église de Saint-Étienne (2).

Toutes ces donations et les précédentes, que nous avons mentionnées plus haut, étaient propres à contribuer largement au bonheur temporel de l'abbaye dès son début. Mais l'homme ne vit pas seulement de pain, il lui faut aussi des richesses spirituelles, car il n'y a pas de vie morale possible sans leur possession.

(1) Inventaire N° 3.
(2) Inventaire N° 4.

Notre-Dame de Sous-Terre (XIe siècle)
vénérée dans la crypte de l'Abbaye et conservée dans l'église de Casteil.

Enlèvement des reliques de Saint Gaudérique
Deux versions
Miracles — Grande procession

C'est pourquoi l'abbé Sclua, de concert avec le comte Guifred, travailla à pourvoir son monastère de trésors autrement précieux que les trésors du monde. Ceux-ci sont pour le temps et la vie matérielle et ceux-là servent à la sanctification et au salut des âmes. Les uns, c'est la terre qui les offre; les autres, doivent attirer du Ciel des faveurs indispensables. Pour réaliser ce noble but, des émissaires partirent par ordre du comte Guifred, et allèrent à la recherche de saintes reliques. Favorisés par la divine Providence, ils purent, à leur retour, satisfaire le pieux désir du fondateur de l'abbaye et de celui qui la régissait. Ils apportèrent, en effet, une relique insigne, le corps de saint Gualdéric qu'ils avaient furtivement enlevé à son église.

Il y a deux versions au sujet de l'enlèvement de ce corps saint par les émissaires du comte Guifred. Nous allons les relater toutes les deux; et d'avance nous nous prononçons pour la dernière, comme étant plus probable:

« Suivant un biographe anonyme de saint Gualderic, et d'après l'*Histoire de Languedoc* et la *Gallia Christiana*, les émissaires du Comte arrivèrent en 1014 à Toulouse, entrèrent à Saint-

Sernin sous prétexte de visiter le caveau qui renferme de si nombreuses reliques ; et, ayant remarqué que la grille de fer qui garantissait la châsse de saint Gualdéric était plus facile à forcer que les autres, ils s'introduisirent nuitamment dans cette église, après avoir probablement mis quelqu'un dans leurs intérêts. — La grille du compartiment où se trouvait la relique de notre saint fut forcée mais la châsse résista à tous les efforts des ravisseurs. Aussi firent-ils le vœu au saint de le placer dans un lieu où il serait plus honoré qu'à Toulouse. Ce vœu exprimé avec foi détermina saint Gualdéric à se rendre. La châsse fut mise à terre et les émissaires en emportèrent les reliques.

« Chemin faisant ils firent halte sur un coteau, tant pour s'y reposer et prendre quelque nourriture que pour arranger convenablement les saints ossements. Tout-à-coup, pendant cette dernière occupation, un tourbillon de vent vint miraculeusement enlever un morceau d'os sans qu'ils puissent en suivre la trace. — Dans la nuit, le sacristain chargé de la garde des reliques de Saint-Sernin fut instruit dans un songe par un ange de ce qui venait de se passer et du lieu où se trouvait le morceau d'os miraculeusement emporté par le vent. Il alla, dès le matin, au lieu indiqué, et y trouva en réalité les débris du saint trésor. — C'est ce qui explique comment l'église de Saint-Sernin a encore une relique de Saint-Gualdéric. »

Voici à présent la seconde version qui ne diffère de celle-là que par le lieu où a été fait l'enlèvement et par certaines circonstances qui lui donnent plus de probabilité.

Domenech, hagiographe de la principauté de Catalogne, relate, d'après un manuscrit du monastère de Saint-Martin et un ancien bréviaire du diocèse, les circonstances suivantes. Poc et Pujade les acceptent telles que nous allons les décrire :

« L'an du Seigneur 1014, Guifre (1), comte de Cerdagne, fils du seigneur Oliba Cabreta, comte de Bésalu, après avoir édifié le monastère du Canigou, de l'ordre de Saint-Benoît, l'avoir pourvu de grandes richesses, envoya deux moines de Saint-Martin, bien escortés de quelques laïques de bonne condition, avec la mission de lui trouver de saintes reliques, afin d'en doter le nouveau temple qu'il venait de bâtir.

« Ces hommes, envoyés par un puissant seigneur qui ne cherchait qu'à devenir un saint, se mettent en campagne, avec autant d'audace que de finesse et surtout avec une ardente piété dans le cœur.

« Où vont-ils ? Pèlerins de la nuit comme des voleurs, quoique moines et nobles, ils suivent des chemins peu fréquentés ; ils entrent inaperçus dans les villes, dans les villages ; partout où un corps saint repose, ils secouent les serrures de la porte des églises champêtres ou des cathédrales, car ils ne vont pas demander des reliques : on

____

(1) Au lieu de dire Guifred, on disait Guifre par abréviation.

les leur refuserait ; ni en acheter, l'argent à la
main : ce serait une sorte de simonie ; ils ne
cherchent qu'à les enlever, unique moyen pour
eux de pouvoir en devenir les possesseurs. »

En ces temps-là on se posait cette question :
Est-il permis ou est-il défendu de voler de saintes
reliques ? Les plus pieux, qui en étaient avides,
estimaient qu'un pareil larcin était une œuvre pie.

Quand cette passion des œuvres saintes se
réveille à ce degré dans l'âme d'un peuple, on peut
d'avance prophétiser qu'il est à la veille d'accom-
plir des actions glorieuses. Ici, le souffle des Croi-
sades se faisait déjà sentir. On allait partir pour
Jérusalem. Le tombeau de Jésus-Christ, sainte
relique par excellence, attirait comme un irrésistible aimant des millions de bras. En même temps
un mouvement de renaissance carlovingienne commençait d'ébranler les imaginations ; des épopées,
en langue française, semblaient naître comme par
enchantement, franchissaient le Rhin et les Alpes,
et établissaient partout la prépondérance pacifique
de notre nation par les œuvres de l'intelligence.
Saint Louis et saint Thomas d'Aquin en France,
et en pays catalan, Don Jaime Ier qui se battit
soixante ans contre les Maures, et saint Raymond
de Lulle, le docteur miraculeusement illuminé,
devaient clore, après deux ou trois siècles de merveilles, l'ébranlement de l'Europe.

« Obéissants aux ordres du comte Guifred, continue Vincent Domenech, les envoyés arrivèrent

à la campagne de Toulouse ; et ici et là, examinant toutes les églises, ils tentent à deviner où il y a des corps saints et le moyen le plus sûr de les enlever.

« Ils entrent dans le village de Viéville (1) ; une église dont les murs tombent en ruines, dont la porte disjointe n'est pas même fermée à clef, dont personne n'a absolument la surveillance, attire leur attention : c'est l'église de saint Gualdéric. Grande joie naturellement dans le cœur des messagers du comte Guifre ! Le trésor tant cherché est sous leur main. Au milieu du plus profond silence de la nuit, ils entrent dans cette église presque abandonnée où reposent les reliques du saint laboureur. Mais un grand miracle les arrête d'abord ;... ils ont beau faire,... le tombeau du saint leur résiste, ils n'en

(1) Vers l'an 820 ou 830, Saint Gualdéric naquit dans ce village qui porte aujourd'hui le nom de Gualdéric pour perpétuer le souvenir de l'illustre laboureur. Il y mourut brillant de toutes les vertus et chargé de mérites, le 16 octobre de l'an 900. — Ce pieux serviteur de Dieu fut enseveli avec les honneurs que l'Eglise décerne aux plus humbles de ses enfants. Nulle distinction humaine ne distingua sa tombe. Il fut couché à la manière des pauvres dans le cimetière du village, attenant à l'église ; mais les distinctions que les hommes ne songeaient pas à donner au corps du saint, Dieu allait bientôt les lui accorder. — Dieu, en effet, ne permit pas que la dépouille mortelle de son serviteur demeurât inconnue et sans gloire.

Les miracles se multiplièrent bientôt sur cette fosse sans nom, à tel point que les fidèles vivement émus, s'adressèrent aux prêtres des églises voisines, les suppliant de placer dans quelque lieu honorable les reliques du saint laboureur. La fosse fut donc ouverte ; un parfum exquis s'en exhala, et les reliques furent transférées, au milieu de la plus grande vénération, dans l'église de Viéville (Ancien bréviaire en usage autrefois dans les provinces ecclésiastiques du Midi de la France). *Histoire générale des Saints catalans*, écrite par le pieux et savant Vincent Domenech qui prit la peine de parcourir quatre fois toute la Catalogne, afin d'étudier et de rechercher dans les archives tous les documents qui étaient de nature à lui fournir des lumières pour la composition de son ouvrage. Ce savant historien est mort à Gérone en 1606.

D'après ces données, il est aisé de croire que la seconde version sur l'enlèvement des reliques de Saint-Gualdéric est plus véridique que la première.

peuvent ni remuer ni briser la pierre qui le couvre. Les pieux voleurs, stupéfaits et ne sachant plus comment se tirer d'embarras, commencent d'invoquer la miséricordieuse bonté de Dieu ; et s'adressant ensuite au saint, ils lui promettent que, s'il leur permet d'emporter ses reliques, elles seront placées en tel lieu où beaucoup plus d'honneurs leur seront magnifiquement rendus. Après ces prières, ils essaient de nouveau de soulever la pierre du tombeau qui s'ouvre de lui-même. Ils enlèvent aussitôt les ossements sacrés, les recueillent dans des boîtes préparées d'avance, et,... heureux d'emporter un si grand trésor, ils se hâtent de reprendre les chemins qui mènent en Roussillon.

« Le prêtre qui avait la charge de l'église de Viéville, sut, par une révélation divine, comment les saintes reliques avaient été enlevées et en quel endroit, faible consolation ! il en trouverait une parcelle.

« Les pieux voyageurs fatigués d'un long voyage rapidement accompli, s'étaient assis en un certain endroit pour se reposer. Le vent, peut-être une tempête qui se déchaîna en ce moment, emporta un morceau des saintes reliques, sans que les ravisseurs y prissent garde. Le prêtre qui desservait Viéville, se dirigea effectivement vers le lieu que la révélation lui avait indiqué, et y trouva en effet une parcelle du corps du saint. Il la recueillit avec la plus grande vénération et la rapporta dans son église où beaucoup de miracles s'opérèrent en faveur de ceux qui imploraient l'intercession de saint Gualdéric.

« De leur côté, les messagers du comte Guifre ne perdirent point leur temps. Ils ne tardèrent pas à mettre pied dans le pays du Conflent qui était l'heureux terme de leur voyage. Eux et leur précieux butin entrent à Vinça, une pieuse femme leur donne l'hospitalité, et adresse mille questions à ses hôtes au sujet de leur voyage. Ceux-ci, rendus confiants par la joie de leur cœur, comme des gens qui viennent d'échapper à de grands périls, ne se font pas beaucoup prier ; ils racontent leur expédition et remettent à la pieuse femme le dépôt des saintes reliques.

« La nuit survenant, les messagers du Comte vont se reposer dans leur lit, et la bonne femme enferme en lieu sûr le dépôt qui lui est confié. Mais, au milieu de la nuit, lorsque tous dormaient, une jeune fille qui était dans la maison, paralytique depuis la naissance, se lève doucement, se traîne jusqu'aux saintes reliques, et elle supplie Dieu de lui rendre la santé par l'intercession de saint Gualdéric. Sa prière finie, les nerfs de la jeune fille, depuis si longtemps raidis, s'assouplissent et elle retrouva miraculeusement la santé... Et le matin, quand la pieuse maîtresse de la maison se leva, elle fut bien surprise de trouver la pauvre fille si bien portante ; et aussitôt, à l'insu de ses hôtes, elle ouvrit hardiment les boîtes et en retira une parcelle du corps saint qu'elle cacha et garda. Mais ce larcin ne demeura pas sans châtiment. Du bassin où cette femme avait mis la relique, une vive flamme se prit à jaillir et mit aussitôt en cendres tout ce qu'il y avait dans la maison. »

Ce récit est encore dans la bouche de tous les bons habitants de Vinça. La tradition de ce fait miraculeux n'a donc jamais été interrompue. Nous l'affirmons, nous qui avons habité pendant sept ans cette paroisse en qualité de vicaire. La maison où les messagers du comte Guifre reçurent l'hospitalité existe encore aujourd'hui. Elle est adossée aux ruines de la porte principale qui servait d'entrée à la ville. L'image de saint Gualdéric, placée dans une niche creusée au mur de la façade principale, perpétue le souvenir des merveilles que nous venons de relater. L'os volé est une côte. Vinça s'honore de posséder un pareil trésor; et, tous les ans, le jour de la fête du saint, il le glorifie à l'église par une solennité à l'instar des plus grandes fêtes de l'année et par une procession générale qui fait une halte devant la niche mentionnée et y chante l'antienne et l'oraison de saint Gaudérique.

Cela dit, reprenons le voyage des messagers du Comte, raconté par le savant historien Domenech :

« Les voyageurs marchaient d'un pas rapide sur le chemin qui, de Vinça, devait les conduire à Saint-Martin du Canigou. L'Abbé Sclua, prévenu de leur arrivée imminente et triomphant de bonheur envoie à leur rencontre quelques religieux pour faire honneur aux saintes reliques.

Ce cortège grossissait à mesure qu'il s'approchait des montagnes de l'Abbaye.

« Dès qu'on eut signalé l'arrivée des saintes reliques sur le territoire de Vernet et de Casteil, tous les religieux de la jeune Abbaye, Sclua à leur tête, sortent en procession, chantant des hymnes et des cantiques, portant à la main des flambeaux allumés, et précédés de la Croix. Ils reçoivent le corps saint sous les yeux des multitudes de fidèles qui étaient accourus, et le déposent auprès de l'autel de Saint-Martin.

« Or, là-même, Dieu par l'intervention de son serviteur, fit plusieurs miracles, rendant la vue aux aveugles, l'ouïe à des sourds, et la parole à des muets. — L'Abbaye de Saint-Martin tressaillit d'allégresse et le comte Guifre voyait que son œuvre, inspirée par la Foi, était bénie de Dieu. »

Quoiqu'il en soit de ces deux versions, le fait de l'enlèvement est certain. Il s'exécuta l'an 1014. L'inventaire n° 181 affirme qu'un don a été fait, le 8 des calendes d'octobre 1015, à l'église de Saint-Martin *et à Saint Gualdéric*. Jusque-là, il n'avait pas été question de donations faites à ce dernier saint ; donc celle que nous mentionnons sous la date ci-dessus est une preuve certaine de la possession, par un pieux larcin, des reliques de saint Gualdéric, dès l'année 1014, dans le monastère de Saint-Martin.

« Moins d'une année après la réception du corps de saint Gualdéric à l'Abbaye du Canigou, poursuit l'hagiographe Vincent Domenech, une sécheresse désastreuse affligeait le Roussillon. Le sol, privé d'humidité, n'avait ni herbes, ni fleurs, les torrents, les rivières étaient à sec ; toute récolte semblait perdue dans les champs. — Accablé par ce fléau, le peuple monta jusqu'à l'Abbaye et demanda en grâce à l'Abbé Sclua de vouloir bien faire porter le corps de saint Gualdéric dans un endroit où il fut facile aux pèlerins de venir en foule offrir au saint leurs prières et leurs supplications. — Loin de repousser ces pieux désirs, l'Abbé Sclua s'empressa de faire porter le saint trésor à l'endroit désigné : c'était l'église de Saint-Pierre de Prades (1) ; le grand sanctuaire lui paraissait offrir toute la sécurité nécessaire.

« Après avoir parcouru la moitié du chemin entre l'Abbaye et Vernet, c'est-à-dire vers le fond de la rampe, les porteurs, écrasés tout-à-coup par le poids miraculeux de la châsse, furent contraints de s'arrêter. Le vénérable Abbé qui s'était fait un devoir d'accompagner le cortège, non moins surpris que les autres, se mit aussitôt en prières avec tous les assistants. En ce moment on vit approcher un pauvre malheureux qui, en poussant des gémissements, se prosterna devant la sainte châsse. Or, tandis qu'il priait, de ses oreilles sortirent comme des flots de sang. Soudain il se relève heureux et content, il était guéri. C'est alors qu'il raconta que depuis longtemps il souffrait terriblement d'une douleur dans les oreilles, et qu'il n'avait

____

(1) Aujourd'hui chef-lieu d'arrondissement.

de repos ni le jour ni la nuit ; mais aujourd'hui, ajoute-t-il, attiré par une force irrésistible, j'ai voulu venir, moi aussi, me prosterner devant la sainte relique, avec la conviction que je serai guéri.... En réalité la confiance du pauvre malade ne fut pas déçue.

« Le miracle accompli, on se remit en marche ; la sainte châsse était devenue légère. On arriva à l'église de Prades où saint Gaudérique reçut les plus grands honneurs. Le dimanche suivant, qui était celui de l'octave de l'Ascension, on transféra, toujours processionnellement, les saintes reliques à l'Abbaye de Saint-Michel de Cuxa. Elles furent reçues avec la plus grande solennité. Pendant deux jours complets, les fidèles de tous les environs affluèrent pour les vénérer et de touchants et éclatants témoignages de Foi et d'Espérance se manifestèrent dans la belle église de Saint-Michel. Enfin, la relique de saint Gualdéric, escortée des religieux de Saint-Martin aûxquels s'étaient joints quelques religieux de Cuxa et une foule immense, reprit triomphalement le chemin de l'Abbaye du Canigou. Là, dans la basilique, éclatèrent des actions de grâces, car déjà la pluie abondante qui était tombée sauvait les récoltes du Roussillon. »

Nouvelles donations d'alleux
Testament et mort de la Comtesse Guisla

Le comte Guifre, saintement enthousiasmé des prodiges qui s'opéraient par la relique de saint Gaudérique, se convainquit avec toute l'humilité d'un saint, que son œuvre de l'Abbaye de Saint-Martin était réellement l'effet d'une inspiration divine et que ses démarches pour trouver des reliques n'avaient pas déplu à Dieu. Aussi, travailla-t-il à consolider sa fondation par de nouvelles donations. C'est ainsi qu'il donna, d'accord avec sa femme Guisla, à l'Abbé Sclua et à Saint-Martin, les alleux de Targassonne, Torba, Pardineilla et Llivia, 4 des calendes de mars 1017 (1).

L'année suivante, la comtesse Guisla, atteinte d'une maladie grave, comprit que l'heure suprême pour son départ vers l'Éternité ne tarderait pas à sonner : aussi fit-elle son testament, tout à l'avantage du monastère de Saint-Martin. Elle lui légua, en effet, ses alleux d'Oreilla, de Guissa et de Cébra.

Le n° 8 de l'inventaire des titres de Saint-Martin témoigne de l'existence de ce testament, sous la date du 13 des calendes d'avril 1018. Une copie

______
(1) Inventaire n° 5.

textuelle se trouve dans la *Marca Hispanica*,
col. 1019.

Un mois après ces dispositions testamentaires,
la Comtesse avait cessé de vivre, à la grande
douleur de son pieux époux à qui elle laissait
cinq enfants. Bien vifs furent naturellement les
regrets de l'Abbé Sclua et de tous ses religieux.
Ils perdaient hélas ! une grande protectrice, une
héroïne dans la charité et le dévouement chrétien.
*(Verbal des serments prêtés par les exécuteurs
testamentaires en date du 20 juin, cité aussi
dans la* Marca Hispanica, *col. 1020.)*

Quoique accablé de chagrin, le comte Guifred ne
ralentit en rien sa foi, toujours ardente. La mort
de la Comtesse la grandit au contraire dans les
pensées dont il se pénétrait des fins dernières.
L'âme de celle qu'il pleurait, préoccupait tous ses
instants. Il savait pourtant que la piété en avait fait
une âme d'élite ; malgré cela, voulant lui diminuer,
si c'était le cas, les peines du Purgatoire, il eut
recours aux bonnes œuvres. Il fit dòn, en effet, le
4 des nones de décembre, à son cher monastère,
de ses alleux de Pollestres, afin que Saint-Martin
protégeât auprès de Dieu l'âme de son épouse bien-
aimée. *(Paroles textuelles tirées de l'inventaire
n° 10).*

Echange d'Eglises

A cette époque, l'Abbé Sclua, par les diverses
donations d'églises paroissiales qui avaient été
faites à son monastère et par les privilèges apostoliques accordés déjà à son prédécesseur Oliba,
jouissait du droit de juridiction et nommait par
conséquent les sujets de sa convenance aux
diverses cures de son ressort abbatial.

Une église très importante et la plus proche
de l'Abbaye, après celle de Casteil, ne lui appartenait pas. C'était là un inconvénient, alors surtout
que toutes les autres églises limitrophes de celle-là
étaient de sa juridiction. Il se permit alors de pro-
poser un échange à l'évêque d'Elne, Bérenger III.
Il offrit à ce prélat l'église de Sainte-Eulalie de
Marquixanes, à condition que celle de Saint-
Saturnin de Vernet lui serait concédée. L'échange
fut accepté, et le 4 des calendes d'avril 1025,
l'évêque céda, en effet, au monastère de Saint-
Martin l'église de Saint-Saturnin avec ses biens et
revenus ; et de son côté, il reçut de l'Abbé Sclua
l'église de Sainte-Eulalie de Marquixanes avec les
biens qui y étaient attachés.

(Le texte de cet échange est au chapitre des
pièces justificatives. Nous l'avons trouvé aux
archives départementales.)

L'église de Saint-Saturnin donnée en échange

n'est pas l'église actuelle de Vernet. Celle que nous mentionnons était la primitive. Située dans le bas vallon sur le bord de la rivière de Cady, une inondation produite soudainement par une fonte de neige, l'emporta en 1710 avec la plus grande partie du village (du nom de Villalunga, ville longue). Il reste encore aujourd'hui quelques ruines de cette ancienne paroisse. Ses habitants, du moins ceux qui échappèrent au désastre, s'établirent, pour éviter à l'avenir les suites d'une autre inondation, sur les flancs d'un monticule élevé, ayant la forme d'un cône tronqué ; et c'est cette population qui a formé le village qu'on appelle aujourd'hui Vernet. L'église actuelle était la chapelle d'un ancien château, perché sur la partie supérieure du monticule, et devint église paroissiale — avec le nom du même patron, Saint Saturnin. — A côté existe une tour de défense dont les murs sont d'une épaisseur de 1 mètre 20.

Dans cette nouvelle église paroissiale sont conservés le lutrin et quelques stalles de Saint-Martin du Canigou. On y voit aussi le bénitier de l'église abbatiale de Saint-Michel-de-Cuxa et le baptistère bien remarquable de Saint-Vincent qu'on trouva plus tard parmi les ruines que fit l'inondation de la rivière de Cady.

Second mariage du Comte Guifred
Concile de Narbonne

En cette même année 1025, le comte Guifred, sept ans après la mort de son épouse Guisla, convola en secondes noces avec la comtesse Elisabeth. Pour attirer les bénédictions du Ciel sur leur union conjugale, ils donnèrent à Dieu, à Saint-Martin et a l'Abbé du monastère du Canigou un grand alleu, situé à Vernet. A celui-là ils en ajoutèrent d'autres qu'ils possédaient à Mosset, et à Onsez, dans le comté de Cerdagne. Edifié de la générosité des deux nobles époux, l'Abbé Sclua voulut à son tour gratifier sa nouvelle Abbaye, de concert avec son frère Salmon, d'un domaine sis au territoire de Llupia. (Voir le texte de cette donation au chapitre des pièces justificatives.)

En outre de tous les dons ci-dessus mentionnés, Guifred se fit un sérieux devoir de recommander le couvent à ses fils : recommandation qu'il les priait de transmettre à leurs descendants (1).

Poussé de plus en plus par le désir intime d'affermir son œuvre, il demanda à celui qui était alors Archevêque de Narbonne, de vouloir convoquer un concile dans sa ville archiépiscopale pour faire confirmer sa fondation de Saint-Martin. Le digne

(1) Inventaire n° 14.

Prélat accéda à la requête de son cher père, et le Concile eut réellement lieu, en l'année 1031.

Y assistèrent, avec l'Abbé Sclua, un grand nombre d'Evêques. La tenue de ce synode se trouve *in-extenso* dans un cahier en parchemin, provenant des archives de Saint-Martin, et conservé à la bibliothèque publique de Perpignan. On trouvera, au chapitre des pièces justificatives, le texte en latin des statuts de ce Concile. Ils confirment les biens et privilèges de Saint-Martin du Canigou.

Testament du Comte — Son fils prend possession du Comtat de Cerdagne

Quatre années après cette décision synodale le comte Guifred, plus préoccupé que jamais de son salut et convaincu que les embarras du siècle peuvent y mettre obstacle, résolut de s'en débarrasser. Il fit alors son testament dans lequel il règle le partage de ses domaines entre ses enfants au nombre de sept (dont deux du second lit) et la comtesse Elisabeth, son épouse, 16 des ides de novembre 1031 (1). Dès lors Guillaume Raymond, son aîné, entra en possession du Comté de Cerdagne, et lui, Guifred, vécut retiré, partageant son temps entre l'Abbaye et son château de Cor-

____

(1) Inventaire n° 15. — *Marca Hispanica*, col. 439.

neilla. Il profita avec ardeur de cette retraite des affaires du monde pour donner à Dieu tous les instants de sa vie.

Vœu de chasteté du Comte — Il se fait moine Son tombeau — Mort de l'Abbé Sclua

Aussi, en peu de temps sa piété devint si grande que, après le consentement obtenu de son épouse de garder réciproquement la chasteté, il résolut, cette même année, de se séparer de tout et de renoncer à tout pour se consacrer définitivement à Dieu. Sa résolution s'accomplit ; et l'Abbé Sclua eut l'indicible bonheur de le revêtir de l'habit religieux de Saint-Benoît dans son propre monastère de Saint-Martin, 1043.

Nous ne pouvons dire de la vie claustrale de cet illustre moine qu'une chose bien propre à édifier. Nous l'avons déjà relatée : c'est qu'il creusa lui-même avec soin son tombeau dans le roc. Ce travail qui dura assez longtemps laisse entrevoir, à lui seul, une vie des plus pénitentes et des plus héroïques.

Une année après son entrée au monastère, le Comte eut la douleur de perdre celui qui lui avait donné le saint habit.

L'Abbé Sclua, en effet, mourut en 1044, après avoir administré la nouvelle Abbaye pendant 30 ans. Sa vénérable dépouille fut placée dans un tombeau encastré dans une niche du mur de l'église, sur la première marche du perron d'entrée.

Pujade et Poc affirment avoir vu ce tombeau à la place que nous lui désignons, d'après le n° 16 de l'Inventaire.

Malgré nos fréquentes recherches aux ruines de Saint-Martin, nous n'avons jamais pu découvrir la trace de ce lieu tumulaire. La main des vandales de la Révolution doit l'avoir détruite entièrement.

CHAPITRE IV

Bernard I, deuxième Abbé
Guillaume I, troisième Abbé

A l'Abbé Sclua succéda le moine Bernard. Nous connaissons de celui-ci la date de sa promotion à l'Abbatiat ; mais la date de sa mort nous échappe. Il est pourtant certain qu'il régna peu de temps ; car, sans que nous connaissions la date de la nomination de son successeur Guillaume, nous savons la date de sa mort, 1049. Par conséquent, à eux deux, ils ont régné à peu près cinq ans.

Mort du Comte Guifred — Epitaphe

Cette année 1049 devint fatale pour le couvent de Saint-Martin, car, outre la mort qu'il eut à déplorer de son Abbé Guillaume, il fit encore la grande perte du comte Guifred. Le 31 juillet 1049 à été, en effet, le dernier jour de l'illustre et saint moine, selon l'épitaphe suivante gravée sur son premier tombeau :

Guifredi comitis cineres monachique beati
Artificisque loci continet iste lapis.
Fine suo Julius huic finem, mille sub annis
Bisquatuor quinis contulis atque novem.

Cette épitaphe témoigne de l'œuvre tumulaire creusée dans le roc par *le Comte lui-même*. On n'a qu'à bien traduire les mots *Artificisque loci* pour s'en convaincre.

Parmi les historiens qui ont copié cette inscription si remarquable par le sens qu'elle donne au point de vue du renoncement chrétien, nous pouvons citer Pujade et Poc: le premier, lorsque la table tumulaire était encore à sa place, et le second, dans les temps où elle trainait çà et là dans le cloître. Aujourd'hui, il ne reste pas de traces de cette table tumulaire.

Miron, quatrième Abbé
Lettre-Circulaire

Ce fut un grand événement pour toute la congrégation bénédictine que la mort du moine Guifred. L'Abbé Miron, successeur de Guillaume, envoya, de concert avec ses moines, à tous les monastères de l'Ordre en Europe, un messager avec une lettre circulaire pour leur annoncer la mort de Guifred. Ils demandaient des prières pour le moine dont l'illustration, disent-ils, est connue en France, en Espagne, dans toute la Péninsule, et qui, ayant gratifié de ses dons très nombreux leur monastère renonça aux honneurs temporels, à sa femme et à ses enfants, et voulut être le pauvre de Jésus-Christ dans le saint couvent qu'il avait fondé. Ils ne font pas moins l'éloge de l'extrême bonté du célèbre religieux à l'égard des novices et des vieux Frères, et le terminent par le quatrain suivant, qu'ils se proposaient d'inscrire sur sa tombe :

Hujus sacrato cunduntur membra sepulcro
Quod pius ipse sibi pulchro construxerat actu.
Julius excutam dum mensis Clauderet horam,
Excessit seculo, quem poscite vivere Christo.

La circulaire se terminait par une demande particulière de prières pour les autres Frères

défunts, au nombre de vingt-et-un, y compris trois
Abbés : Sclua, Bernard et Guillaume. On y recommande surtout l'âme d'Oliba (1), père tendrement
chéri du Comte, *dulcissimi patris*.

Réponses — Calligraphie

Les réponses à cette lettre, pleines de regrets,
étaient écrites en beaux caractères, toutes sur
papier vélin. Collées les unes à la suite des autres,
elles formaient un rouleau de cinq pouces de
diamètre (2).

Ce renseignement est une preuve évidente que la
calligraphie se pratiquait dans les diverses Abbayes
de cette époque. Il en était ainsi à Saint-Martin du
Canigou d'où nous sont venus quelques manuscrits
de ce genre. M. Henry, l'auteur de l'*Histoire du
Roussillon* et ancien conservateur de la bibliothèque publique de Perpignan, en possédait *un*
que gardent encore aujourd'hui précieusement ses
héritiers. C'est un volume de 390 pages sur vélin,
dans lequel, parmi de nombreux sujets religieux et
des chants d'église notés à la manière de l'ancien
temps, sur des portées d'une seule ligne, on trouve

(1) Il mourut à la maison de Saint Benoit du Mont-Cassin. Voyez
l'*Histoire de l'Abbaye de Cuxa.*

(2) Inventaire des titres de Saint-Martin... n°s 26, 27, 28, 29, *Marca Hispanica*, col. 436 et 446. Voyez aussi Poc et Pujade.

les articles scientifiques suivants, dont nous aimons à donner le titre : 1º une description de Rome antique ; 2º un abrégé de géographie et de météorologie sous la dénomination de *Imago mundi* ; 3º un petit glossaire des mots difficiles de la langue latine, principalement des noms de figure de grammaire et de rhétorique.

Il y a encore, parait-il, dans ce manuscrit, huit chartes qui sont d'un grand intérêt. Nous aurions certainement une richesse des plus précieuses, si on n'avait point perdu un grand volume in-4º, en vélin, dont les couvertures en bois étaient revêtues de lames d'argent avec des figures repoussées. Ce volume contenait les commentaires des Évangiles et l'Exposition de Saint Jérôme sur le Symbole. L'Evêque du diocèse en devint le possesseur après la sécularisation du monastère, et depuis lors on n'en a plus eu de nouvelles.

Une correspondance d'un nommé Dominique Besombes, procureur juridictionnel du monastère de Saint-Martin avec Dom Grumet de Montpré qui clôtura la liste des Abbés de ce couvent, nous apprend aussi qu'un nombre considérable de livres in-folio, tous en vélin, couverts de planches de chêne et même des missels du XIe siècle, avaient été mis à la disposition de ce prélat. (Lettres des 10 et 15 septembre 1783).

Que sont devenus tous ces regrettables ouvrages et livres religieux??

L'Abbé Grumet de Montpré devint une des victimes des terroristes de 93!!

Pieux statuts — Ordonnance capitulaire
Mort de Miron

Malgré les regrets que provoque la perte de tous ces livres et manuscrits qui composaient la bibliothèque de notre Abbaye, il nous reste cependant une satisfaction bien grande, celle de pouvoir affirmer, en toute vérité, que le monastère de Saint-Martin était, comme toutes les Abbayes de Saint-Benoît, une école où s'exploitaient toutes les branches des lettres et des sciences, un dépôt fécond où sont venus puiser tous ceux qui ont eu le souci de la bonne éducation et d'une solide instruction, et cela, dès son berceau; car, aussitôt après la mort du comte Guifred, on décida qu'en mémoire de ce fondateur et de ses grands bienfaits, plusieurs enfants seraient gratuitement instruits dans les lettres et les sciences et très convenablement entretenus au monastère; et que, parvenus à l'âge qui permet d'embrasser une carrière, d'autres prendraient leur place, et ainsi de suite à toujours.

Les dispositions de ces statuts furent rappelées plus tard dans un mandement qu'adressa le chapitre général à tous les religieux de Saint-Martin, pour les prier de s'y conformer toujours, comme ils l'avaient fait jusqu'alors. (Inventaire n° 3o).

Ce numéro de l'Inventaire, qui résume cette ordonnance capitulaire, mentionne qu'elle était écrite sur parchemin, en vieux caractères ; que sa date était devenue presque illisible et que l'endroit de la page où figuraient les noms des signataires était plus ou moins rongé par le temps.

L'Abbatiat de Miron qu'ont rendu mémorable les circonstances glorieuses qui ont entouré la mort du grand moine Guifred, dura 15 ans. Ce saint prélat mourut en 1065, date donnée par la liste chronologique des Abbés de Saint-Martin.

Bernard II, cinquième Abbé

L'Abbé Miron eut pour successeur Bernard II, élu le 12 des calendes d'avril 1066. (Liste chronologique des Abbés).

Nous ne pouvons rien dire de l'administration relativement longue de ce religieux ; elle dura 10 ans, puisqu'il est mort en 1076. Aucun document n'est venu servir notre désir de vouloir en parler comme des autres.

Pierre Ermengaud, sixième Abbé

Le moine Pierre Ermengaud lui succéda après une vacance de trois ans. Sa promotion à l'Abbatiat en effet n'eut lieu que le 3 des calendes de mars 1080. Elle suscita chez les seigneurs du pays et plus particulièrement dans les fils du comte Guifred un dévouement chrétien des plus remarquables en faveur du monastère du Canigou. A signaler surtout celui du comte Oliba, fils de Guifred.

Très soucieux, lui et sa femme, de leur propre salut, ils firent oblation à l'Abbé Ermengaud et au couvent de Saint-Martin, non seulement de leurs biens dont ils se dépouillèrent bien volontiers pour ne vivre qu'avec le strict nécessaire, mais de leurs fils qu'ils consacrèrent à Dieu pour leur assurer un héritage éternel, autrement précieux que celui des biens de la terre (1). Cet exemple exceptionnel de générosité devint pour l'Abbé Ermengaud, dès son début à la prélature monacale, un encouragement bien propre à le lancer avec confiance dans le travail déjà si fertile de la prospérité spirituelle et même matérielle de son monastère.

C'est ainsi que le comprit le nouvel élu ; aussi la sainteté grandit-elle parmi les membres de sa communauté. Si on a dit de certaines personnes, moissonnées par la mort au printemps de leur vie, qu'elles ont rempli une longue carrière, ainsi en a-t-il été de notre Abbé Ermengaud, qui, rappelé à Dieu après quatre ans seulement d'abbatiat, a produit dans son monastère des fruits d'une vertu admirable, aussi beaux et aussi nombreux que ceux qu'on a eu le bonheur d'y voir sous une longue administration abbatiale, entièrement dévouée et des plus éclairées, celle de l'Abbé Sclua.

(1) Inventaire n° 31.

Pierre Suniaire, septième Abbé
Monastère de Notre-Dame de Serrateix

La succession du bien regretté Ermengaud passa sans retard au religieux Pierre Suniaire, le 7 des ides de juillet 1084 (1).

D'après la *Marca hispanica,* col 1009, ce nouvel Abbé aurait eu, de la part du comte Oliba, et cela dès son début, la charge de la direction du monastère de Notre-Dame de Serrateix (dans le Bergadam), témoignage de confiance que lui méritèrent et sa sainteté et sa grande intelligence.

Il paraîtrait, d'après le même organe, que ce couvent achevait de tomber en ruines, non seulement au point de vue matériel, màis aussi au point de vue de la discipline. Fondé par son bisaïeul Oliba Cabreta, en 977, de concert avec son frère Miron, le Comte tenait à sa conservation ; c'est pourquoi il le confia au zèle éclairé de l'Abbé de Saint-Martin, Suniaire, qui sut s'acquitter avec succès de la mission bien difficile que l'amitié et le souvenir bien cher du passé venaient de lui imposer. La restauration matérielle et spirituelle se firent en effet en même temps ; et le comte Oliba put ainsi féliciter avec tout son cœur l'habile restaurateur d'avoir employé tous ses efforts pour réussir à l'un et à l'autre de ces deux résultats.

(1) Liste chronologique des Abbés.

Donation de l'église de Saint-Romain de Llupia
Mort de Suniaire

L'année suivante, le 3 des nones de juillet 1091 (1), l'Abbé Suniaire eut à se féliciter de la générosité de Béranger et d'Arnaud, deux seigneurs franchement chrétiens, qui se démirent en faveur de l'Abbaye de Saint-Martin de la possession de l'église de Saint-Romain de Llupia. Les revenus de cette église étaient relativement considérables. L'Abbé Suniaire l'avait compris. Aussi en témoigna-t-il par une lettre bien sentie sa vive reconnaissance aux deux nobles donateurs (2).

Si jusqu'ici l'Abbaye de Saint-Martin a vécu en paix et a prospéré pour la gloire de Dieu et le bien des âmes, elle va entrer dans une période de troubles qu'elle n'a nullement provoquée, il faut se hâter de le dire pour sa justification. Au reste, le récit des événements que nous allons détailler témoigne de son droit et des moyens légaux et légitimes qu'elle prit pour les faire valoir, et fait incomber toute la responsabilité du scandale aux provocateurs du dehors.

Avec la mort de Suniaire, qui arriva en 1110, cessèrent pour quelque temps les nominations des

(1) Inventaire nᵒˢ 32 et 33.
(2) Inventaire nᵒ 34.

Abbés de Saint-Martin, pris dans le sein de la communauté : motif qui amena les graves et scandaleux démêlés dont nous allons parler au chapitre suivant.

CHAPITRE V

Vacance abbatiale de quatre ans
Donation du Monastère de Saint-Martin à l'Abbaye de Lagrasse
Opposition — Mort du Comte Bernard

Après la mort de Suniaire, il y eut à Saint-Martin une vacance abbatiale de quatre ans, après lesquels le monastère tomba malheureusement au pouvoir de celui de Lagrasse.

Le Comte de Cerdagne, Bernard Guillaume, fils de Guillaume Raymond, au mépris des prescriptions du pape Serge IV et des dernières volontés du fondateur, son grand père, l'illustre Guifred, livra en effet à perpétuité, le 2 des ides de février 1114, le couvent en question à l'Abbaye de Lagrasse.

Les motifs de cette donation nous sont inconnus, et la conduite du Comte à cet endroit paraît d'autant plus équivoque que, en même temps qu'il livrait l'Abbaye de Saint-Martin à celle de Lagrasse, il cédait à la première les droits seigneuriaux qui lui compétaient à Marquixanes (1).

Les moines de Saint-Martin protestèrent naturellement contre cette iniquité. Leur opposition était légitime, puisqu'elle reposait sur des prescriptions souverainement justes et décisives. Leurs efforts prévalurent pendant quatre ans ; mais un moment arriva où la force prima le droit et où les décisions les plus respectables furent foulées aux pieds. Le comte Bernard, l'auteur de cette triste et injuste innovation mourut ; et dès lors l'ambition des moines du couvent ennemi se raviva d'une manière effrayante.

Jusque là, le Comte, coupable de l'inexcusable défaillance qu'il eut de commettre une injustice si notoire, s'était refusé à ce qu'un Abbé étranger put être imposé aux moines de Saint-Martin ; mais une fois lui disparu, son successeur Raymond Béranger ne fit absolument rien pour l'empêcher. Il laissa nommer, en effet, à la première vacance qui survint, un abbé, choisi parmi les moines de Lagrasse.

Raymond I, Pierre III et Béranger I

Dès ce jour l'Abbaye de Saint-Martin perdit son indépendance et dut se soumettre forcément à l'in-

(1) Inventaire n° 34. Dom Marlène, T. 4, col. 131.

trus, du nom de Raymond I que la communauté de Lagrasse venait de nommer Abbé du monastère du Canigou. Cette soumission dura quarante-cinq ans sous trois Abbés : Raymond I, Pierre III et Béranger I. On devine le malaise et la tristesse des moines de Saint-Martin durant cette longue période de despotisme révoltant imposé par l'Abbaye de Lagrasse. Toutefois, ils ne négligèrent rien pour se soustraire à cette situation désolante. Un moment arriva enfin où, après bien des efforts, ils réussirent à briser ce joug et à jouir de leur indépendance.

La reine d'Aragon et l'évêque d'Elne
Le moine Raymond, de l'Abbaye de N.-D. de Ripoll élu Abbé de Saint-Martin

Ce signalé bienfait leur arriva par la protection puissante de la reine d'Aragon et de l'évêque d'Elne. Ces deux grands personnages leur prêtèrent en *effet main-forte et ne cessèrent de les encourager*, après la mort de Béranger I, arrivée en 1157, à élire un Abbé de leur choix. Ces encouragements partis de si haut, joints aux prières adressées au Ciel par le clergé et le peuple, obtinrent au monastère du Canigou la liberté de la nomination de son nouvel Abbé. Des circonstances qui nous sont inconnues déterminèrent les moines de Saint-Martin à se donner pour Abbé un religieux d'une communauté amie. On procéda à l'élection, et le résultat donna en effet unanimement pour Abbé à Saint-Martin le moine Raymond, sacristain major de l'Abbaye de Notre-Dame de Ripoll.

L'acte de cette promotion est signé par Gaufred, abbé de ce monastère, par Bernard, prieur de Saint-Martin, et par quinze moines (1).

Plaintes de l'Abbé de Lagrasse
Réponse de l'Abbé Gaufred, de N.-D. de Ripoll

Les religieux de Lagrasse poussèrent aussitôt de hauts cris, comme il fallait s'y attendre. Ils se plaignirent auprès du comte Béranger de la conduite indépendante du personnel monacal de Saint-Martin. Celui-ci en référa à Gaufred, signataire de l'acte de nomination du nouvel Abbé du Canigou, Raymond II. Entr'autres motifs de sa justification personnelle, Gaufred exposa au comte de Barcelone et de Cerdagne que la crainte de déplaire et de froisser la reine d'Aragon l'avait déterminé à consentir à ce nouveau *modus vivendi*. Il le priait en même temps de vouloir bien engager l'Abbé de Lagrasse à ne pas s'opposer à l'élection de Raymond et de faire rendre au monastère de Saint-Martin tout ce qui lui avait été volé. (2)

(1) Inventaire nos 35 et 36.
(2) Inventaire no 36.

Intervention du Comte Bérenger — Interdit

Le Comte écrivit alors à l'Abbé de Lagrasse et à ses moines dé ne pas attaquer l'élection du nouvel Abbé, leur promettant que ce dernier se rendrait auprès d'eux pour leur donner autant de satisfaction qu'il pourrait.

L'Abbé de Lagrasse ne fit pas l'honneur au Comte d'accepter ces raisons et lança aussitôt un interdit sur le monastère de Saint-Martin et sur les églises qui en dépendaient. Et en même temps qu'il répondait à Raymond Béranger par une lettre pétulante, il en écrivait une aussi à l'archevêque de Narbonne pour se plaindre du procédé des moines de Saint-Martin et de Notre-Dame de Ripoll.

Le Comte Béranger, sans différer, répondit à l'Abbé de Lagrasse pour le prier d'en finir avec cette scandaleuse affaire. Il le sommait, en outre, de lever son interdit, s'il aimait mieux l'avoir pour médiateur que pour adversaire. (1)

Démarches de l'Abbé Gaufred
et de l'évêque de Vich
Conduite équivoque de l'évêque d'Elne

Sur ces entrefaites, l'Abbé de Ripoll mettait au courant de tout la reine d'Aragon et lui demandait avec instance sa protection royale.

(1) Inventaire n° 37.

De son côté, l'évêque de Vich très sympathique aux religieux de Saint-Martin suppliait son vénéré collègue d'Elne de soutenir l'élection de Raymond. Celui-ci semblait tout d'abord prendre parti pour la neutralité. Plus tard influencé par les religieux de Lagrasse, ils se plaignit au comte Béranger de n'avoir pas été consulté sur l'élection de l'Abbé de Saint-Martin. Il n'exprima pas moins son mécontentement à l'évêque de Vich pour le même motif, et osa même écrire à ce pieux et savant prélat que cette élection était nulle par le seul fait qu'on avait élu un moine de Ripoll de préférence à un religieux de Lagrasse.

Jugement porté par l'auguste Assemblée de Barcelone
Actes de violence

Devant cet argument de peu d'importance, le Comte de Cerdagne convoqua à Barcelone l'archevêque de Narbonne, tous les suffragants de Tarragone, l'Abbé de Lagrasse et tous les Magnats de l'État. L'affaire en question y fut consciencieusement examinée, et, après une longue délibération, cette auguste assemblée condamna l'Abbé de Lagrasse à lever l'interdit et à respecter l'élection du nouvel Abbé de Saint-Martin (1).

(1) Inventaire n° 38.

Furieux de se voir déchus de leurs folles prétentions, les moines de Lagrasse, bien loin de tenir compte de cette décision équitable, la méprisèrent et se portèrent à des actes d'une violence inouïe.

Accompagnés d'une multitude de gens armés, ils vinrent fondre, à l'improviste et pendant la nuit, sur le monastère de Saint-Martin. Ils s'en emparèrent, et les gens sauvages qu'ils avaient à leur service commirent des atrocités. Plusieurs moines furent blessés par eux, ceux surtout qui voulaient résister. Ils chassèrent du monastère les religieux lettrés et réguliers, *doctos et in regulari ordini assuetos,* dit l'inventaire, en les accablant d'injures. Certains autres se virent enfermés brutalement. En un mot la horde sauvage de Lagrasse se constitua maîtresse de l'Abbaye et de tout ce qu'elle possédait intérieurement et extérieurement (1).

Plaintes du Comte Béranger — Sa mort

Ces actes inouïs de brutalité impressionnèrent beaucoup le comte Béranger; c'est pourquoi il en fit part immédiatement au Chancelier de la Sainte Eglise romaine, avec prière instante de recommander l'affaire de Saint-Martin au Saint-Père et d'en obtenir promptement justice (2).

(1) Inventaire nᵒˢ 39 et 40.

(2) Ces détails sont un extrait d'un fragment du Cartulaire de Saint-Martin que nous avons trouvé dans les Archives de la Préfecture de Perpignan, liasse A, nᵒ 9.

Pendant que la réponse de Rome se faisait attendre, le Comte de Barcelone et de Cerdagne mourut (1162). Cet événement inattendu et les conséquences politiques qui s'en suivirent donnèrent naturellement du retard à la solution favorable impatiemment attendue.

Alphonse II, roi d'Aragon

Alphonse II, fils et successeur du comte Raymond Béranger, était alors roi d'Aragon. Il venait d'hériter du Comté de Roussillon par les conséquences du testament de Guinard, dernier comte de cette province ; et, malgré l'opposition qu'il éprouva dans l'exécution du testament de ce dernier et les obstacles qui surgissaient de partout, il ne perdit pas de vue le devoir qui lui incombait d'obtenir justice pour le droit méprisé et foulé aux pieds par les religieux de Lagrasse. Il adressa au Pape, d'une commune entente avec l'évêque de Barcelone, le sénéchal du palais et tous les seigneurs de sa cour, une lettre, dans laquelle, après l'exposé des torts et des méfaits de l'Abbé et des moines de Lagrasse et de la justification de leurs victimes, il supplie Sa Sainteté de mettre fin sans retard à ce grave désordre et de délivrer en conséquence le monastère de Saint-Martin de toute vexation de la part de son plus grand ennemi.

Rescrit du pape Alexandre III — Enquête
Lettres apostoliques

Le pape Alexandre III, par un rescrit (17 des calendes de mars 1663), charge l'archevêque de Narbonne et l'évêque de Lérida d'informer au plus vite cette affaire (1), et le 17 des calendes de juin suivant, il adjoint à ces deux prélats celui de Gérone (2).

L'enquête de ces trois évêques finie et favorable aux moines de Saint-Martin, le Souverain Pontife écrivit une lettre personnelle, 3 des ides de juillet, aux religieux du Canigou et à toutes les églises attachées à leur Abbaye pour les avertir qu'il maintenait à Saint-Martin l'Abbé Raymond II, légitimement élu ; d'autre part, le jour suivant, il ordonne, par lettres apostoliques, à l'Abbé et aux moines de Lagrasse de restituer au monastère de Saint-Martin tout ce qu'ils lui ont pris, nommément cinq domaines. Il les prévient aussi qu'à l'avenir, il n'y aura d'autre Abbé que celui qui aura été librement élu par les religieux de la communauté, ainsi que l'avait réglé le pape Serge IV. Le Saint-Père termine ses lettres apostoliques en menaçant de l'excommunication et d'autres peines canoniques quiconque aurait le malheur de faire

(1) Inventaire n° 43.
(2) Inventaire n° 43.

opposition ou de contrevenir à ses ordres (1). Ces lettres apostoliques sont textuelles dans la *Marca Hispanica,* col. 1334.

L'Abbé Raymond II — Vacance
L'Abbé Gérald

De leur côté, l'Abbé Raymond et ses religieux écrivirent un peu plus tard à l'Abbé et aux moines de Lagrasse une lettre, où après avoir énuméré tous les outrages qu'ils ont reçus, ils les somment, de par l'autorité du pape Alexandre, de comparaître devant Sa Sainteté à la fête prochaine de Saint-André, pour réparer le mal qu'ils ont fait.

Quelque temps après cette sommation, l'Abbé Raymond mourut en 1168, et les choses en restèrent là. La vacance du siège abbatial dura jusqu'à l'année 1171, époque où la communauté de Saint-Martin put élever de sa propre autorité à l'Abbatiat le moine Gérald, frère justement de Raymond II.

L'Abbé Pierre IV — Son voyage à Rome
Bulle du Pape — Fin des démêlés

On ne peut s'expliquer la durée relativement longue de cette vacance abbatiale que par les tracasseries dont furent encore sans doute victimes de la part du monastère de Lagrasse les moines

(1) Inventaire n° 45.

de Saint-Martin. Il dut en être ainsi ; car, après la mort de l'Abbé Gérald, arrivée la même année de sa promotion, le nouvel Abbé, Pierre IV, alla lui-même à Rome se plaindre au Saint-Père et demanda instamment la protection du Saint-Siège.

Sa Sainteté fit droit à ses réclamations par une Bulle où, relatant les griefs exposés, Elle promet de ne pas supporter que l'Abbé et les religieux de Lagrasse molestent désormais, en aucune manière ni pour quelque raison que ce soit, l'Abbé et les moines de Saint-Martin (1).

Avec cet acte souverain, portant probablement des foudres, cessèrent enfin les graves et scandaleux démêlés entre les deux Abbayes.

Dès ce moment, Pierre Guillaume put gouverner en paix son monastère et toutes les églises qui en dépendaient.

Construction d'une forteresse à Marquixanes
Donation de l'église de Belloc

Il obtint à cette même époque du roi Alphonse II la permission de construire à Marquixanes, dont il était seigneur, une forteresse de ceinture. Ce village, qui est aujourd'hui une petite station du chemin de fer de Perpignan à Villefranche, laisse voir encore aujourd'hui les ruines de ces fortifications de défense. Six années après, 1178, le seigneur Pierre

(1) D'après l'Inventaire, cette Bulle serait datée de Saint-Jean-de-Latran, 10 des calendes de mai 1172.

de Domanova lui livra l'église de Saint-Pierre de Belloc, située sur une des montagnes de Ria, en face le village de Conat. Ce petit sanctuaire devint quelques années après un Prieuré à la collation de l'Abbé de Saint-Martin.

Première mention des eaux thermales
de Vernet

C'est par l'inventaire de Don Juan d'Agullana, n° 474, qui fait mention des eaux thermales de Vernet au sujet d'un moulin à foulon que vendit un nommé Pierre Mir à l'Abbé Guillaume, que nous apprenons l'époque précise à laquelle l'Abbaye de Saint-Martin sut utiliser, la première, les eaux minérales de Vernet pour le bien général. Nous parlons plus loin du développement donné par elle-même à l'établissement thermal qu'elle construisit en ces lieux de Vernet (4 des calendes de mars 1186), établissement que d'autres développèrent plus tard dans des proportions grandioses.

Sentence du roi d'Aragon
Fulmination de déposition contre l'Abbé
de Saint-Michel

Le n° 734 de ce même inventaire nous donne la connaissance d'une sentence rendue au château de Vallrich par Alphonse II, roi d'Aragon, le 6

des calendes de juillet 1192, en faveur de l'Abbé
Guillaume qui avait à se plaindre des prétentions
injustes des frères Raymond et Guillaume de
Castell-Roussillon et de leur mère Rixendis sur
les pacages d'Odeillo. Ils furent, en effet, déboutés
tous les trois de leurs prétendus droits.

Pendant que l'Abbé Pierre Guillaume adminis-
trait avec succès le couvent de Saint-Martin, celui
du monastère de Saint-Michel agissait en sens
contraire. L'Abbé Arnald, en effet, par sa négli-
gence et son relâchement le conduisait à la ruine.
Heureusement que le successeur du roi d'Aragon,
qui s'intéressait à ces deux abbayes, put l'arrêter à
temps.

L'Abbé de Saint-Martin le remplace
Il relève ce couvent

En effet, le nouveau roi Pierre II s'entendit avec
le Pape, et ces deux souverains décidèrent, après
le consentement de la communauté de Saint-
Michel, de lancer contre Arnald une fulmination de
déposition et de le faire remplacer par Guillaume,
Abbé de Saint-Martin.

Les excellentes qualités du pieux Abbé du Canigou firent espérer à tous qu'avec la grâce de Dieu,
il parviendrait à relever ce couvent (1).

(1) *Gallia christiana*, col. 489.

Pierre Guillaume se rendit digne de la confiance du roi d'Aragon et du Saint-Père. Son zèle prudent ne négligea rien pour aboutir, avant tout, à faire observer la règle. Il imposa même certaines pénitences et mortifications visibles, en vue de réparer un passé trop plein, hélas ! de relâchement.

Charte du roi d'Aragon

Une décision souveraine prise par le roi d'Aragon fit rentrer l'Abbaye de Saint-Michel en possession de tous les immeubles que l'Abbé Arnald avait aliénés. Voici comment s'y prit ce dévoué protecteur royal. Il envoya à l'Abbé Pierre Guillaume une charte qui déclarait les ventes signées par Arnald, *nulles*, non avenues et remboursables à un prix fixé par des arbitres choisis par lui-même. Cette charte est datée du 3o avril 12o3. Les ordres du roi s'exécutèrent à la lettre ; aussi le monastère reprit successivement son ancienne importance (1).

Guerre des Seigneurs et Comtes entr'eux
Triste situation créée à l'Abbé de Saint-Martin

Une année avant la mort de l'Abbé Guillaume (8 des ides de novembre 1220), des tiraillements politiques et une guerre que se firent entr'eux

____

(1) *Gallia christiana,* col. 485.

certains seigneurs et comtes, faillirent le mettre dans une situation dangereuse. Guillaume eut la faiblesse de recevoir dans son Abbaye les seigneurs Béranger d'Espira, Adhémar de Saint-Ferréol et leurs complices, tous ennemis acharnés du Comte du Roussillon, Nunyo Sanchez, à qui le comte Guillaume de Moncade avait déclaré la guerre pour cause de jalousie. Ce dernier, en effet, vexé de ne pas avoir obtenu la tutelle de l'Infant-roi, Jaime I, et de ce que les Cortès réunis à Lérida (Catalogne) avaient donné la régence à Sanchez, chercha dans cette préférence un motif de guerre. Il la fit à outrance ; et, à l'occasion d'une défaite que ses auxiliaires, Béranger d'Espira et Adhémar de Saint-Ferréol, subirent de la part de l'armée de Sanchez Nunyo, il compromit l'Abbé de Saint-Martin. Celui-ci toléra malheureusement que les deux vaincus se réfugiassent avec leurs complices dans les gorges du Canigou.

Justification de Pierre Guillaume

A cette condescendance l'Abbé ajouta celle de leur donner l'hospitalité ; de là une haine terrible de la part du Comte du Roussillon contre le monastère de Saint-Martin, et la résolution arrêtée de le châtier cruellement. Cependant, après une certaine justification que lui exposa habilement Pierre Guillaume, la pensée de se venger comme il l'avait résolu, s'apaisa,... et le pardon ne se fit pas longtemps attendre. Toutefois, il exigea que l'Abbé de Saint-Martin et les habitants de Vernet, ses vassaux, lui payeraient la somme de 4000 sous barcelonais et que les biens de Béranger d'Espira et d'Adhémar de Saint-Ferréol seraient confisqués à son profit (1).

Sa mort — Pierre d'Espira lui succède

Ce fâcheux accident nuisit à la santé de notre Abbé du Canigou. En effet, il tomba aussitôt malade et mourut l'année suivante, 1221. Le moine Pierre d'Espira le remplaça. Celui-ci n'eut à s'occuper que de l'Abbaye de Saint-Martin, car, tout de suite après la mort de Pierre Guillaume, les moines de Saint-Michel furent autorisés à pourvoir par eux-mêmes à la vacance du siège abbatial.

Avènement de l'Abbé Bernard
Austérité des religieux de Saint-Martin

Nous ne savons de l'administration de Pierre d'Espira qu'elle dura neuf ans. Sa promotion eut lieu en 1221 et sa mort en 1230. Un homme (dit l'inventaire) d'un grand caractère et d'une sainteté

(1) Inventaire n° 50. *Histoire du Roussillon* de M. Henry, Liv. I, Ch. VII.

remarquable, le moine Bernard, sacristain-major, le remplaça. Ses premiers soins se portèrent à pourvoir aux besoins matériels de ses frères qui pratiquaient, à cette époque, une austérité excessive. Il augmenta d'un quarteron la portion de pain pour les jours où ils devaient souper, et d'un œuf pour les dimanches, mardis et jeudis. Cette charitable mesure témoigne que les religieux de Saint-Martin ne prenaient pas, tous les jours, le repas du soir et que l'usage de la viande leur était interdit.

Ce régime austère, ajouté à la rigueur du climat et à la solitude sauvage du site faisait des religieux de Saint-Martin de véritables anachorètes, des hommes dignes d'admiration par les rudes pénitences et les mortifications de tout genre qu'ils s'imposaient.

L'Abbé Bernard nommé Abbé de Saint-Michel
Régime rigide de Saint-Martin

Une année après sa nomination d'Abbé, Bernard dut se charger, le Pape et le Roi d'Aragon le lui imposant, de la direction de l'Abbaye de Saint-Michel. Cette double décision souveraine avait été prise, parce que les choses allaient, de nouveau, au plus mal dans ce couvent. Ce saint Abbé répondit avec toute sa grande sagesse aux vœux du Saint-Père et du Roi. Il soumit, en effet, la communauté de Cuxa au régime de celle de Saint-Martin, et réussit surtout à réformer l'esprit d'indépendance qui régnait parmi certains moines, en leur appliquant impitoyablement des peines canoniques qu'il avait demandées pour cet effet au Pape. Enfin, son administration eut l'heureux résultat de rétablir l'obéissance et la discipline parmi son nouveau personnel de Cuxa.

Chapelle de Sainte-Catherine
Institution d'un anniversaire — Donations et dispense

Animé d'une dévotion toute particulière pour sainte Catherine, il fit construire dans l'église supérieure un autel en son honneur, et institua à perpétuité un anniversaire pour le repos de son âme, avec l'obligation à qui de droit de faire servir, ce jour-là, au réfectoire, une portion en plus d'aliments à chaque moine. Des terres, des censives, des moulins et 1450 sous qu'il laissa par testament, devaient subvenir à ce surcroît de dépenses.

Plein aussi d'une bonté toute paternelle pour ses vassaux, il les dispensa, en 1240, de certains droits seigneuriaux qu'on appelait *Intestia* et *Xorquia*.

Construction d'un château à Casefabre
Mort de l'Abbé Bernard

Une année avant sa mort (1254), le roi d'Aragon Jacques I, lui donna la permission, ou pour mieux dire, il obtint de Sa Majesté pour des causes qui nous sont inconnues, le privilège de construire un château à Casefabre, village dépendant de sa juridiction seigneuriale.

Cet excellent religieux, modèle d'une exceptionnelle piété, mourut de la mort des saints, après avoir administré pendant 25 ans les deux Abbayes de Saint-Martin du Canigou et de Saint-Michel de Cuxa.

CHAPITRE VI

Pierre de Sahorra — Pierre VII, Abbé

Un religieux, originaire de Sahorra, village non loin de Vernet, prit la succession de Bernard III, après une vacance de trois ans, 1258, 10 des calendes de mai. Il prit le nom de Pierre de Sahorra,

du lieu de son pays d'origine. Son abbatiat ne dura
que quatre ans et il eut pour successeur son homo-
nyme en religion Pierre VII, sacristain-major du
monastère, 1662. Celui-ci inaugura son administration par un acte de générosité en faveur des habitants de Vernet, ses vassaux, à qui il remit tous les
droits féodaux qu'il pouvait exiger, en sa qualité de
seigneur du lieu (1).

Division — Pardon

Trois années après, il eut à subir une épreuve
bien grande, d'autant plus pénible que c'était
l'ambition de ses moines qui l'avait motivée.
Chacun voulait avoir droit à certains bénéfices :
et de là une division désolante au sein de la
communauté, 1265. En bon père, il travailla de tous
ses efforts à pacifier les uns et les autres. Il n'y
réussit pas. Ses démarches, toutes de bonne foi,
allumèrent au contraire tellement le feu de la
division qu'on se porta à des voies de fait.

En présence de cette situation, Pierre eut recours
à Rome ; et le résultat de sa requête fut l'excommunication des provocateurs ambitieux.

Toutefois, toujours compatissant pour le repentir,
il sollicita, en 1270, du Saint-Père, le pardon pour
les moines qui étaient sous le coup de cette peine
canonique. Le Pape ne se fit pas prier, et l'Abbé

(1) Inventaire n° 58.

de Saint-Martin reçut de François Pierre Alcano, pénitencier de la sainte Eglise romaine, des lettres qui lui donnaient le pouvoir d'absoudre les coupables, à la condition pourtant qu'ils résigneraient leurs propres bénéfices pour les utiliser au profit du monastère (1).

Création du royaume de Majorque

Un événement d'un autre genre vint, quelques années après, le préoccuper d'autant plus que son issue pouvait faire changer la situation générale de son monastère.

En effet, la création du royaume de Majorque détacha le Roussillon et la Cerdagne de celui d'Aragon auquel appartenait le couvent.

Par cette nouvelle monarchie qui dura à peu près soixante-sept ans, l'abbaye de Saint-Martin subit naturellement le sort du pays où elle était située, et eut à faire, d'ores et déjà, avec les rois de Majorque.

Visite du roi de Majorque à Saint-Martin

Habile diplomate et jouissant de la réputation d'une grande piété, Pierre VII s'attira malgré ses craintes, les sympathies du nouveau roi. Il eut la bonne pensée d'aller le voir à Perpignan où il résidait, quoique Majorque fût la capitale de son

(1) Inventaire n° 60.

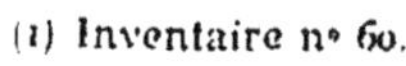

royaume (1). L'entrevue devint d'autant plus favorable pour le visiteur que le roi Jayme voulut lui donner une preuve éclatante de son attachement, en lui promettant sa visite à Saint-Martin. En effet, quelques jours après, le roi de Majorque effectua son voyage au monastère du Canigou où il fut reçu naturellement avec enthousiasme et avec l'appareil que peuvent donner à une réception royale des moines voués à l'austérité et à la pauvreté.

Guillaume de Cervoles, Abbé

Pierre VII vécut encore trois ans après la visite du roi Jayme. Un religieux du même nom que lui prit sa succession ; mais elle fut de bien courte durée, car le nouvel Abbé mourut l'année même de sa promotion. L'unanimité des suffrages, à l'élection du nouvel Abbé, se porta sur Guillaume de Cervoles.

Celui-ci, dès le début de son abbatiat, accorda avec une vive satisfaction, à Dom François Arnaud-Serradeil, remplissant les fonctions d'aumônier, de doter de ses biens présents et futurs Saint-Gaudérique, en l'honneur duquel il venait de faire construire un magnifique autel dans l'église conventuelle (2). Quelques mois après, il eut à souffrir d'une calomnie de la part de ses religieux. On l'accusa, en effet, de simonie. Il s'en

(1) Inventaire n° 61.
(2) Inventaire n° 62.

défendit avec beaucoup d'énergie et de prudence ; de là l'issue d'une dissension entre deux partis, chacun soutenu par des laïques. Le Pape, informé de ce scandale, ordonna une enquête et en chargea le religieux Raymond, Abbé de Saint-Michel de Cuxa. Il en résulta que les laïques mêlés à cette malheureuse affaire durent paraître devant l'évêque du diocèse pour en recevoir la sentence des peines qu'ils méritaient, et que les religieux, reconnus coupables, encoururent la suspense pendant un temps plus ou moins long, selon le degré de leur culpabilité.

Le Saint-Père motiva sa décision dans les termes suivants : *Propter violentam manuum injectionem in seipsos religiosos* (1). Ces mots accusent une rixe violente.

L'année suivante, Guillaume III, plein de commisération pour ses enfants révoltés, mais alors bien soumis, sollicita du même Pape une sentence d'absolution ; il l'obtint, et les lettres qu'il reçut à cet effet du cardinal François Mathei, relevèrent les moines des censures. (Nones de mars 1301) (2).

Cette terrible épreuve finie, la santé de l'Abbé Guillaume s'altéra sensiblement, et sa mort arriva deux années après, le 8 des calendes de mai 1303.

(1) Fragment d'un Cartulaire de Saint-Martin.
(2) Inventaire n° 63.

Arnaud de Corbiac, Abbé
Bains de Vernet

Le religieux Arnaud de Corbiac, sacristain-major, le remplaça deux mois après, le 13 des calendes de juillet 1303.

La chose la plus saillante, au point de vue matériel, de l'administration de cet Abbé, qui dura treize ans, c'est la construction de quelques baignoires qu'il ordonna à un habitant de Vernet, du nom de Guillaume de Novelles, de faire dans sa propre maison, attenante aux thermes de ce village, c'est-à-dire à côté de la source des eaux chaudes des roches (c'est ainsi qu'on les appelait à cette époque). Cette initiative inaugure l'usage public, *dans des baignoires,* des eaux chaudes minérales qui devaient plus tard donner lieu à la construction d'un grand établissement de santé pour plusieurs genres de maladie. Jusque-là les bains de Vernet consistaient en une piscine voutée ayant trente-sept pieds de long sur quinze de large et trois de profondeur, où tous les malades venaient indistinctement se plonger. « On comprend aisément, dit M. Pierre Barréra dans ses *Mémoires analytiques et pratiques sur les eaux minérales de Vernet,* que ce bain devait être malpropre. Autour du bassin existait un parapet de trois pieds de large. On y descendait par trois marches. »

C'est à l'Abbé de Saint-Martin, Pierre IV, qu'est due la construction de ce bassin d'utilité publique. Il remonte à l'année 1186; et c'est par conséquent pendant quatre-vingt-deux ans qu'il a servi au bien général, quoique dans de tristes conditions de convenances matérielles. (Bulletin de la Société littéraire des Pyrénées-Orientales, tome VII, p. 174).

Béranger de Colomer, Abbé — Obit

La succession de l'Abbé Arnaud de Corbiac, dont le décès porte la date du 13 des nones d'août 1314, passa sans entraves au religieux Béranger de Colombario, prieur de Saint-Romain de Llupia. Ce prieuré bénédictin dépendait de la juridiction de l'Abbé de Saint-Martin; ce qui explique et légitime l'élection du dit Béranger, appelé de Colombario, parce qu'il était originaire d'un hameau de ce nom, situé près de Villefranche. Il n'en reste pas aujourd'hui de traces.

Très soucieux du sort éternel des moines défunts de son monastère, l'Abbé Béranger statua, du consentement de la communauté, (veille des nones d'avril 1325) que désormais : « à la mort d'un religieux du couvent, un prêtre séculier, soumis à sa juridiction, devrait résider au monastère, toute l'année subséquente, avec l'obligation d'y célébrer quotidiennement la messe pour l'âme du défunt et assister aux offices divins, que l'Abbé serait tenu de lui fournir la portion monacale du pain et du

vin, et que le chambrier lui compterait quarante-
cinq sous pour son vestiaire (1).

Translation de la dépouille mortelle du Comte
et de celle de son épouse Elisabeth

Quatre années après cette décision si charitable,
1332, ce même Abbé, plein d'un respect profondément religieux pour les ossements du comte Guifre,
fondateur de l'Abbaye, et de son épouse Elisabeth,
voulut les réunir. Il les enferma, de ses propres
mains, aidé de quelques religieux, dans un magnifique sarcophage, digne des restes mortels d'un
saint et d'une héroïne chrétienne. Il les fit solennellement transférer dans une magnifique niche
construite au mur latéral de droite de la grande
basilique. Ils sont restés là honorés et vénérés
jusqu'au 11 du mois d'août de l'année 1786.

Sur le couvercle tumulaire on lisait l'inscription
suivante :

*Anno millesimo quadragesimo nono Incarna-
tionis Domini, pridiè kalendas Augusti, obiit
Dominus Guifredus, condam Comes nobilissimus
qui sub titulo beati Martini præsulis, hunc locum
jussit œdificari, undè et monachus fuit annis
quindecim, in nomine Domini nostri Jesu-Christi ;
cujus dicti Comitis et ejus uxoris Elisabeth Comi-
tissæ corpora translaturi fecit in hoc monumento
Dominus Berengarius de Colombario, Abbas istius
loci, anno millesimo trecentesimo trigesimo secundo.*

(1) Inventaire n° 66.

Réforme

C'est en 1336, année de la mort de Béranger de Colombario, qu'eut lieu la fameuse réforme dans la plupart des ordres religieux, et plus particulièrement dans ceux de Cîteaux et de Saint-Benoît, par le pape Benoît XII, ex-religieux lui-même de Cîteaux.

Les bulles du grand Pape portaient principalement sur les moyens à prendre pour faire fleurir de plus en plus parmi les Bénédictins, les études ecclésiastiques, les sciences et les humanités. (*Bulle Const.* 5, t. I, p. 241).

La nouvelle constitution divisa l'ordre bénédictin en trente-six provinces. Le royaume d'Aragon forma la neuvième, sous le nom de province Aragonaise, et Narbonne, Toulouse et Auch, formèrent la quatrième. C'est à cette dernière qu'appartint l'abbaye de Saint-Martin du Canigou, comme étant située dans un diocèse suffragant de l'archevêché de Narbonne.

Ce qui distinguait spécialement cette réforme, c'est que, tous les trois ans, dans chacune des provinces, on élisait au chapitre provincial, au lieu d'un général, trois présidents, et que les Abbés étaient nommés à vie et non triennaires rééligibles. (*Gallia Christiana,* col. 340.)

L'Abbé Raymond de Banyuls
au Concile de Saint-Tibéri

L'Abbé Raymond III de Banyuls, successeur direct de Béranger, 1337, a été le premier des abbés de Saint-Martin qui dut se rendre, après la publication des Bulles de la Réforme, à un Chapitre général. Il eut lieu à Saint-Tibéri, dans le diocèse d'Agde.

Quelques-uns de ses religieux l'y accompagnèrent (1).

A son retour, la mort le surprit. Ce terrible accident, qu'on était loin de prévoir, occasionna une vacance d'un an. Le 10 des calendes de juin 1338, l'église de Saint-Martin cessa d'être veuve par la promotion du moine Paul. Celui-ci suivit de près son auguste collègue. Il ne régna pas même un an. L'année d'après, 4 juin 1339, Pierre IX, originaire de Vernet, lui succéda.

Pierre IX, Abbé
Privilège accordé aux habitants de Vernet

Dans nos recherches aux vieilles archives de ce village nous avons trouvé, par lui rédigé, un acte civil qu'il adresse officiellement, en sa qualité de seigneur haut-justicier de son pays natal, à ses

(1) Inventaire n° 67.

compatriotes. Cette pièce trahit un grand cœur et témoigne du vif intérêt d'un père pour le bonheur de ses enfants. Écrite par abréviation et en un catalan griffonné et barbare, elle nous a donné une peine infinie pour la traduire fidèlement et en saisir tout le sens. Il y est question de la nomination des consuls qui devaient sagement administrer la population de Vernet : « Nous, Pierre de Vernet, dit-il, Abbé par la grâce de Dieu du monastère de Saint-Martin du Canigou et seigneur haut-justicier des lieux et domaines dépendants de Notre Abbaye, accordons aux habitants de Vernet de jouir de la faculté et de l'autorité de créer, de nommer et d'élire leurs consuls ainsi qu'il suit :

« 1º La ville de Vernet a droit à trois consuls qui devront être nommés et constitués de la manière suivante : la première fois, ils seront élus par l'université des gens de Vernet, ou au moins par la majeure partie. Le batlle sera toujours requis, n'importe par quelle personne, dans le but de former des réunions publiques jusqu'à ce que les consuls soient élus.

« 2º A la fin de deux années, les trois consuls élus ou deux seulement si le troisième avait refusé d'accepter la dite charge par des motifs urgents, pourront et devront choisir trois autres consuls parmi les habitants de la dite ville. Le pouvoir de ces derniers durera aussi deux ans ; et ainsi de suite pour toujours, sans qu'on ait besoin du consentement du dit Abbé, ni de ses successeurs, et encore moins de leurs officiers claustraux.

« 3º Si, avant la fin des deux années, un d'entre les consuls vient à mourir, ou si pour cause de vieillesse, maladie ou tout autre motif, juste ou injuste, il ne peut nullement remplir sa charge, les deux consuls demeurés en place auront la légitime faculté de créer et d'élire tel nouveau consul qu'il leur plaira.

« 4º Si, avant la fin des deux années consulaires, les trois consuls ou bien deux seulement viennent à mourir, si même à la fin de leur mandat, ils se contrarient par quelque motif juste ou injuste sans qu'ils puissent se mettre d'accord pour élire leurs remplaçants, dans ces deux cas, vingt ou seize hommes, ou pour le moins douze de bonne et franche volonté, pourront librement s'assembler dans un lieu quelconque de Vernet pour procéder à l'élection de trois nouveaux consuls. Ceux-ci, à la fin de l'année biennale, éliront de nouveau les autres consuls.

« Si de ces trois nouveaux élus, un d'eux devait ou par caducité ou tout autre motif urgent, se faire dispenser de son emploi, il obtiendra toujours satisfaction, et ses deux collègues pourront alors choisir à sa place tel nouveau consul qu'il leur plaira.

« 5º Si tous les trois consuls ou bien deux se démettaient immédiatement de leur charge, que faire ?? Dans ce cas, les trois consuls biennaux de l'élection précédente, ou bien deux d'entr'eux, s'il y en a un d'empêché, pourront élire et créer trois nouveaux consuls en remplacement des démissionnaires.

« 6° Mais si l'élection ne peut pas s'effectuer à cause du désaccord des trois électeurs susdits ?? alors un groupe de vingt ou pour le moins de douze hommes pourra de sa propre autorité, élire, en un lieu quelconque, les trois nouveaux consuls. Et s'il se présentait le cas qu'un autre groupe procédât aussi en même temps à l'élection consulaire, les trois premiers présentés au batlle de Vernet seraient *seuls* consuls. Toutes ces opérations seront faites sans avoir besoin du consentement de l'Abbé ni de ses dignitaires.

« 7° Les consuls élus doivent fidèlement remplir leur emploi avec circonspection et prêter serment devant le batlle ou son adjoint *sur les Saints Evangiles*.

« 8° Toutefois, si, après le serment donné, le batlle s'aperçoit que les nouveaux consuls ne peuvent pas pour de justes motifs, remplir leurs fonctions, les consuls antérieurs reprendront leur pouvoir jusqu'à ce que les nouveaux soient constitués. Et si, dans cette nouvelle élection, un des trois consuls était seulement admis par le batlle, celui-là usera alors de son droit et décidera si l'opposition du batlle est équitable ou ne l'est pas. Dans le premier cas le consul admis exercera momentanément, seul, les fonctions, après avoir prêté serment sur les Saints Évangiles, en attendant qu'on lui donne deux autres collègues.

Mais si l'élection des trois consuls était invalidée par le batlle, alors les trois consuls antérieurs qui avaient été agréés pour exercer le consulat pendant deux ans, — pourront et devront élire trois autres consuls. — Et s'ils ne le font pas ? Dès lors un groupe de vingt ou de douze hommes au moins devra procéder encore à l'élection, jusqu'à ce que cette élection soit validée et que les nouveaux élus aient prêté serment sur les Saints Évangiles.

« 9° Mais si le batlle juge encore que les trois nouveaux élus sont impropres à l'exercice du consulat ; en ce cas, interviendra le juge ordinaire de l'Abbaye ; et après une enquête, dont la durée ne sera que de quinze jours, il décidera si les nouveaux élus peuvent ou ne peuvent pas rester dans leurs fonctions.

« 10° Les consuls pourront vendre, louer et aliéner tous les droits ou créances qui concernent la dite université. Ils useront de tous les droits attachés au pouvoir des consuls et syndics des autres villes du Conflent, avec réserve pourtant de ne pas tenir maison ni campagne en commun.

« 11° Les consuls rendront compte, selon que l'ordonne la loi, de leur administration à ceux qui les remplaceront.

« 12° Si les consuls sortants avaient abusé des privilèges attachés au consulat, qu'ils ne prétendent pas avoir raison auprès de Nous parce que, d'avance, Nous les condamnons.

« Le dit privilège a été accordé, le 10 des calendes de juin 1340.

« PIERRE, Abbé de Saint-Martin. »

On ne saurait trop admirer la perspicacité et la prudence dont l'Abbé de Saint-Martin fit preuve, en instituant ce régime d'administration civile où la liberté avait sa grande part, mais avec des limites qui l'empêchaient de dégénérer en licence.

La première année de l'abbatiat de Pierre IX faisait espérer une période de paix et de prospérité. Il en fut ainsi dans le monastère au point de vue religieux. Mais hélas ! à partir de la seconde année de sa promotion, des guerres désastreuses que se firent Pierre IV, roi d'Aragon, et Jacques II, roi de Majorque, vinrent incessamment troubler son existence monacale.

La chance et l'insuccès réciproques des armes des deux monarques produisaient à Saint-Martin une indécision politique dont l'effet était de se tenir à l'écart de toute intervention, laissant démêler les événements pour en attendre avec perplexité le dénouement final.

Ce dénouement arriva par le succès de Pierre sur son rival (1343); dès lors la monarchie majorquine tomba et devint une nouvelle occasion de guerres encore sanglantes et plus acharnées que jamais.

L'Abbaye de Saint-Martin s'en ressentit cruellement, comme nous allons le voir au chapitre suivant. Cependant, après bien des souffrances morales qu'eut à endurer Pierre IX pendant la terrible guerre des deux rois d'Aragon et de Majorque, la Providence voulut lui épargner la plus forte, celle de n'avoir pas été le témoin en ce monde de la secousse épouvantable que reçut son couvent du

Canigou à l'occasion de ces luttes et de ce change-
ment de régime gouvernemental. Dieu l'avait déjà
appelé à lui, 4 des nones de janvier 1347, lorsque
Jayme vaincu, fondit de nuit sur le monastère et le
ravagea impitoyablement.

CHAPITRE VII

Evasion de l'Infant de Majorque

Quoique le trône eût complètement croulé par la
mort de Jacques II, qui succomba glorieusement
sur le champ de bataille avec le ferme espoir que
son fils, héritier de ses droits, travaillerait jusqu'à
la dernière goutte de sang à venger l'honneur
outragé de son père, l'Infant suscita des embarras
si nombreux à la politique spoliatrice de l'Aragonais, que, pendant plusieurs années, on put croire
que la couronne de Majorque, bien que brisée de
fait, existait encore moralement.

L'issue, funeste il est vrai, d'une bataille trop
inégale le fit tomber entre les mains de son cruel
ennemi; mais une main hardie parvint à briser
ses fers. Le Capiscol de la Cathédrale de
Barcelone, *Jacques de San Clemente*, muni de

fausses clefs et accompagné de serviteurs dévoués,
pénétra à minuit dans la prison, tua le geôlier
particulier du prince qui, ne devant jamais le
perdre de vue, couchait dans la même chambre
que lui. Cet assassinat rendit l'Infant à la liberté.
Naturellement cette évasion causa de grandes
anxiétés au roi d'Aragon. Celui-ci se trouvait en
ce moment à Perpignan.

Dispositions des Roussillonnais pour l'Infant
Don Jayme n'en profite pas
Son mariage avec la reine de Naples

Ceux des Roussillonnais qui avaient varié
quelque peu dans leurs sentiments pour le père,
avaient conservé leur fidélité au fils. Cette classe
de gens se souvenait avec bonheur que, à la naissance du prince, la nation entière l'avait proclamé
héritier légitime de la couronne de Majorque. Ce
sentiment généreux provoqua en elle la pensée de
la restauration. Elle était disposée à la réaliser au
prix de tous les sacrifices, lorsque l'Infant Don
Jayme ne voulut pas profiter de ces dispositions
populaires si favorables, et partit pour Naples. Il
devint bientôt l'époux de la reine Jeanne Ire, veuve
depuis un an de Louis de Tarente.

Séparation
Retour de Don Jayme en Roussillon
Il fond pendant la nuit sur Saint-Martin

Ce mariage ne s'était conclu qu'à la condition que l'Infant ne prendrait que la qualité de roi de Majorque, et jamais celle de roi de Naples, parce que Jeanne n'entendait nullement partager l'autorité royale avec lui. Le prince ne tint pas les engagements stipulés dans les clauses de son mariage, et se donna malgré tout le titre de roi de Naples. De là résulta la séparation regrettable des deux époux.

Jayme partit alors pour le Languedoc ; et là, aidé de la protection de la France et du concours de Henri II, roi de Castille, et du duc d'Anjou, gouverneur de cette province, il réunit mille lances, c'est-à-dire, une petite armée de six mille hommes.

Au mois d'août de l'année suivante, il entra en Roussillon, passa à une lieue de Perpignan qu'il savait trop bien défendu pour l'attaquer et en faire le siège, et prit immédiatement la route du *Col de las Panissas*. Informé, chemin faisant, de la difficulté qu'il aurait à forcer ce passage, il se décida à pénétrer en Aragon par Urgel. C'est alors qu'il entra en Conflent avec la résolution d'attaquer sur son passage les places fortes qui se trouveraient à sa portée. C'est ainsi qu'il fondit à l'improviste et de nuit par des chemins détournés et à travers les rochers du Canigou, sur le monastère de Saint-Martin. Nous ne devons pas oublier de dire ici que cette place forte avait été démantelée avant la captivité de l'Infant, parce que le roi d'Aragon prévoyait qu'elle pourrait, à un moment donné, favoriser les mouvements stratégiques de Jayme. Mais une fois que ce monarque eut fait son ennemi prisonnier, il releva aussitôt toutes les fortifications détruites, aussi bien celles de Saint-Martin et de Saint-Michel que celles qui en dépendaient : Codalet, Prades et Marquixanes.

Pour le cas présent, les défenses de l'Abbaye de Saint-Martin devinrent inutiles, assiégée qu'elle fut de nuit et sans que son personnel s'y attendît.

Cruautés de l'Infant
Prise de Vernet et de son château

Les assiégeants envahirent tout le monastère, et Jayme crut user de représailles en maltraitant l'Abbé qu'il accusa de ne pas être resté fidèle à la Dynastie de Majorque, en blessant même quelques moines qui essayaient de se défendre, en les emmenant prisonniers et en emportant les joyaux et les vases sacrés de l'église.

Après le sac de Saint-Martin, il se précipita sur les forteresses des environs et s'en empara. Vernet et son château se ressentirent longtemps de ses cruautés en pillages et en traitements inhumains. A la suite de cette barbarie exercée impitoyablement, la population de Vernet complètement ruinée diminua d'un tiers, 1374 (1).

Raymond V et Pierre X, Abbés

L'Abbé de Saint-Martin de cette époque avait pris le nom de Raymond V ou Raymond Béranger.

Raymond Patau et Pierre X l'avaient précédé sur le trône abbatial. Le premier avait été nommé le 6 août 1348 et avait gouverné le monastère douze ans. Le second, nommé en 1360, ne fit que passer, car il mourut l'année même de sa promotion, le 7 mai. Raymond Béranger, le remplaça le 9 décembre suivant. A son tour, celui-ci, après une administration qui dura jusqu'au 28 janvier 1380, eut pour successeur Pierre XI, sacristain major de Saint-Martin.

Pierre XI, Abbé
Il se défend des calomnies du roi d'Aragon
Pardon royal — Mort de l'Infant

A la suite de la terrible épreuve dont nous venons de parler, l'Abbaye de Saint-Martin eut encore beaucoup à souffrir. Par l'effet d'une calomnie atroce, ses ennemis indisposèrent le roi

(1) Inventaire n°s 68 et 69.

d'Aragon contre l'Abbé et ses moines, accusés tous de coopérer sourdement au parti de l'Infant de Majorque. Pierre XI sut se défendre de cette fausse accusation, et grâce aux raisons convaincantes qu'il sut habilement donner, il désarma l'Aragonais. Il obtint alors de celui-ci, non seulement le retrait des lettres d'accusation, relatives aux crimes, à lui et à ses moines imputés, mais il réussit encore à se faire restituer tout ce qui avait été volé à son monastère. La mort de son ennemi Jayme arrivée en 1375, facilita au roi d'Aragon cette double réparation. Le pauvre déchu du trône, obligé, en effet, de battre en retraite par le fait des péripéties de la guerre qu'il soutenait avec tant d'acharnement, se retira avec son armée en Castille. Pris, presque en arrivant, d'une fièvre maligne, il mourut et reçut les honneurs de la sépulture dans le monastère de Soria (1).

Guillaume V, Abbé
Tremblement de terre à Saint-Martin
Ses effets

Les épreuves n'étaient pas encore finies pour l'Abbaye du Canigou. Il semblait que la main de la Providence s'appesantissait sur elle pour la purifier de certains écarts dont elle s'était rendue coupable en quelques circonstances.

A peine, en effet, commençait-elle à se remettre

(1) *Histoire du Roussillon* de M. Henry.

des malheurs précédents, qu'un grand tremblement de terre faillit la détruire de fond en comble : c'était sous l'abbatiat de Guillaume V, successeur de Marc-Vilalta, qu'éclata ce grand cataclysme.

Les Mémoires de la communauté ecclésiastique de l'église de Saint-Jacques relatent qu'il se fit sentir beaucoup à Perpignan, et plus ou moins dans presque tout le Roussillon.

Mais à Saint-Martin du Canigou il produisit un ébranlement tel qu'il occasionna l'écroulement du clocher qui servait de tour de défense, d'une partie de l'église conventuelle et particulièrement des murs des maisons monacales.

Mort de l'Abbé Guillaume
Jean Squerd lui succède

A la suite de cette nouvelle et si terrible épreuve, la détresse devint immense dans le monastère, et l'Abbé Guillaume ne lui survécut pas. Quelle triste et désolante situation occasionnée par les catastrophes que nous venons d'énumérer!! Mais la plus grande était celle de la disparition du pilote au plus fort de la tempête. Toutefois, lorsque tout semble perdu, Dieu entend les cris de la supplication de ceux qui sont dans une détresse extrême, presque voisine de la mort. Il répondit, en effet, à la ferveur la plus ardente des prières des religieux; il les exauça en leur donnant pour chef du monastère un homme d'une sainte et très intelligente énergie, le moine Jean Squerd, lumière éclatante et exemple d'une haute vertu dans le couvent.

Lettre-Circulaire de l'évêque d'Elne
Réparations à Saint-Martin

Cet excellent prélat déploya toute son activité pour relever de si alarmantes ruines. Il intervint, d'abord, en homme prévoyant, auprès de l'évêque d'Elne ; et c'était par là qu'il fallait commencer pour intéresser les Roussillonnais à l'œuvre de la résurrection matérielle de Saint-Martin. Le point de départ était bon et lumineux, et l'exemple de la charité parti de si haut devait attirer à sa suite des générosités nombreuses. Il en fut ainsi, car, après avoir obtenu de l'évêque d'Elne, Galcerand, lui-même religieux bénédictin, une lettre circulaire qui accordait des indulgences précieuses à tous ceux de ses diocésains qui aideraient de leurs mains et de leur argent les importantes reconstructions à faire au couvent du Canigou, les secours affluèrent, et il ne fallut pas plus d'un an pour rendre assez habitable le monastère de Saint-Martin (17 juillet 1433).

Il existe une quittance, datée du 9 octobre de cette même année, qu'un tailleur de pierres, du nom de Guillaume Carmesson, avait faite à l'Abbé Squerd pour témoigner du paiement de son travail

à la reconstruction du clocher. Elle portait la somme
de 14 livres, monnaie de Barcelone (1).

Concile de Bâle — La décime

En même temps que l'Abbé Squerd continuait
son œuvre de réparation matérielle, un Concile
tenu à Bàle, 1443, décidait l'imposition de la décime
sur tous les revenus ecclésiastiques. Le monastère
du Canigou n'échappa pas, malgré sa pauvreté, à
cette mesure générale. Il retardait, et pour cause,
l'acquittement de la somme à laquelle il avait été
taxé, lorsque Jean Squerd, son Abbé, reçut un avis
qui l'obligeait à se soumettre à l'imposition générale. Ce dernier ne voulut pas obéir à cette exigence,
et motiva son refus sur les désastres et les pertes
immenses dont son monastère avait été atteint.

Enquête de Louis de Berga
Ses résultats

Alors, Louis de Berga, Prieur de N.-D. de
Corneilla, sous-collecteur de la Chambre apostolique dans le diocèse d'Elne, reçut un ordre
formel, le 7 des ides de mars 1439, de la part du
Concile pour vérifier les faits allégués par l'Abbé
de Saint-Martin.

(1) Inventaire n° 58.

Voici le résultat de ses investigations que nous fournit un vieux manuscrit, écrit en latin à peine déchiffrable, des archives de la Préfecture des Pyrénées-Orientales :

« Nous soussigné, Louis de Berga, Prieur de N.-D. de Corneilla, sous-collecteur de la Chambre apostolique dans le diocèse d'Elne, délégué par le Concile de Bâle, le 7 des ides de mars 1439, pour vérifier, sur les lieux, les faits allégués par l'Abbé de Saint-Martin, Dom Jean Squerd, déclarons et affirmons ce qui suit :

« Les réparations à faire au dortoir demandent une dépense de 500 florins. Une plus forte somme serait nécessaire pour bien réparer le réfectoire, la maison abbatiale, la cuisine et autres bâtiments, ébranlés par le tremblement de terre de l'année 1428. Il faudrait aussi 200 florins pour le portail du monastère tombé en ruines.

« Le château de Vernet, où on recueillait les denrées du couvent, est dans un état tel de délabrement que sa restauration coûterait 500 florins : d'où il résulte, d'après l'évaluation des experts, que le total des dépenses qu'exigerait la restauration complète de ces divers bâtiments, s'élèverait à 1900 florins d'or d'Aragon, et qu'il faudrait au monastère quinze ans de ses revenus pour pouvoir réaliser avec peine cette somme.

« L'appréciation de l'expertise repose aussi sur les dommages et vexations qu'éprouva en divers temps l'Abbaye, et plus particulièrement à l'époque où l'Infant de Majorque se jeta de nuit sur elle,

comme un vautour qui veut dévorer impitoyablement sa proie. Elle ne repose pas moins sur la
mortalité qui, depuis nombre d'années, désole les
villages dépendant du monastère, les dépeuple
tellement que le peu de revenus qu'en retire l'Abbé
ne suffit pas pour soutenir les charges qui le
concernent.

« Ainsi, depuis l'attaque inattendue de l'Infant de
Majorque, le village de Vernet en Conflent, qui
comptait soixante hommes, n'en a plus que vingt,
à Casteil, de dix hommes qu'il y avait, il n'en
reste que deux ; à Cébra, un seul qui est âgé
et n'a pas d'enfants ; à Badoll, de quatre, pas un ;
à Guissa, de sept, deux ; à Ballanet, près Prades,
de cinq, deux ; il en est de même à Joncet ; à
Marquixanes, de trente-cinq, vingt-six ; à Targa-
nosa, de quarante-cinq, sept ; à Vilalta en
Cerdagne, de trois, aucun ; à Eguat, de dix,
cinq ; à Odeillo, de douze, sept. Tous ces lieux,
en un mot, ont perdu, depuis l'époque de la
guerre majorquine et aragonaise, plus de la
moitié de leurs habitants. A peine se trouve-t-il
un étranger qui veuille et qui ose s'y établir. Dans
ces tristes conditions, ils ne produisent plus rien
pour le monastère.

« Les revenus de la grande prévôté, affermés
autrefois à cent livres barcelonaises, ne le sont
plus aujourd'hui qu'à cinquante ; ceux du chambrier
qui en produisaient cinquante, n'en donnent plus
que trente ; ceux de l'aumônier sont tombés de
trente à douze ; ceux de l'infirmier, de vingt à deux ;

ceux de l'ouvrier sont au-dessous de la dépense à laquelle ce dignitaire est obligé.

« De plus, il y a toujours dans le monastère deux moines et quatre bénéficiers à qui l'Abbé est tenu de fournir, chaque jour, une offrande de pain et de vin *pour le repos de l'âme du comte Guifre,* fondateur de l'Abbaye.

« D'où il résulte, par les dépenses ci-dessus énumérées, et d'après celles que fait annuellement l'Abbé pour l'entretien de toute la maison, qui s'élèvent au chiffre de 300 livres barcelonaises, qu'il s'endette, chaque année, de plus de 100 livres, les revenus du monastère n'étant que de 220 livres ; comptes prouvés par les registres des recettes et des dépenses.

« En conséquence, par les pouvoirs à Nous accordés, Nous réduisons la taxe de la décime à 40 livres, savoir : 25 pour les revenus provenant du diocèse d'Elne, et 15 pour les revenus provenant du diocèse d'Urgell.

« En outre, Nous taxons le grand prévôt à un revenu de 10 livres ; le chambrier, à un revenu de 7 ; l'aumônier, de 3 ; l'infirmier, à un revenu de 40 sous barcelonais ; l'ouvrier, à raison de la Prévôté inférieure et du Prieuré de Saint-Romain attachés à son titre, à 40 sous, sans que ces diverses taxes puissent être augmentées, ou qu'il puisse en être exigé d'autres à l'avenir.

« Louis de Berga,
« Prieur de N.-D. de Corneilla, Sous-Collecteur de
« la Chambre apostolique du diocèse d'Elne. »

L'Abbé Jean Squerd, Président de la Province
Sa mort

Cette même année, qui clôtura les malheurs arrivés au monastère de Saint-Martin, eut lieu à l'Abbaye de Saint-Tibéry, du diocèse d'Agde, un Chapitre général de la province bénédictine de Narbonne pour y nommer trois Présidents provinciaux. L'Abbé Jean Squerd, tant éprouvé, inspira la confiance de l'auguste assemblée, qui l'élut et le proclama un des trois Présidents de la province de Narbonne. Cette confiance bien méritée donnée à l'Abbé du Canigou contribua beaucoup au relèvement de son monastère. Malheureusement il ne jouit pas longtemps de la nouvelle dignité dont il venait d'être investi. Il mourut deux années après (1441), avec la grande satisfaction d'avoir donné à son couvent une impulsion sainte qui ne se ralentit pas de longtemps.

CHAPITRE VIII

Décadence de l'Abbaye de Cuxa
Jean de Millars
Abbé de Saint-Martin et de Saint-Michel

Autant la prospérité avait repris à l'Abbaye de Saint-Martin, autant le malheur frappait de plus en plus sa fille aînée, l'Abbaye de Cuxa.

Malgré les faveurs apostoliques qu'avait obtenues cette dernière pour en finir avec la déplorable situation que lui avait faite la mauvaise administration de certains de ses Abbés, et plus particulièrement celle de l'Abbé Arnald, elle allait toujours au plus mal. Dès lors, en haut lieu, on résolut, une seconde fois, son union avec Saint-Martin du Canigou, et Jean II de Millars, alors Abbé de ce monastère par la succession qu'il avait héritée de Dom Jean Squerd (1442), reçut la mission délicate de l'administrer. Cette décision, partie du Pape et du roi d'Aragon, éprouva une grande résistance parmi les religieux de Saint-Michel. Pour s'en rendre maître il fallut user de moyens énergiques.

Le roi, en effet, dut formellement ordonner au Lieutenant-Gouverneur du Roussillon et à tous ses officiers de faire rigoureusement exécuter les lettres apostoliques, relatives à cette union. Il exigea que le Gouverneur assistât lui-même, en personne, l'Abbé Jean II dans sa prise de possession et dans la reconnaissance de ses nouveaux vassaux.

A ces moyens seulement, qui sont à déplorer parce qu'ils furent forcément pris envers des hommes insoumis, dont l'habit prêche l'exemple de l'obéissance et de l'amour de la discipline, la soumission se fit, et le nouvel Abbé put, non sans éprouver cependant quelques difficultés, administrer le monastère de Saint-Martin (1).

Privilège accordé par Louis XI
Impôts

Le roi Louis XI, maître alors du Roussillon (2), 1465, se montrait très sympathique envers ces deux Abbayes. Il leur en donna un témoignage, en accordant à Jean de Millars, le privilège d'extraire du sel des salines de Canet sans payer des droits.

Cette faveur, toute à l'avantage des deux monastères, reçut sa confirmation le 14 mai 1468 (3), et était précédée déjà d'une autre non moins importante qui permettait à l'Abbé Jean de Millars d'imposer pendant dix ans, 1467, un certain droit sur le pain, le vin et toute espèce de marchandises, afin

---

(1) Inventaire n° 79.

(2) Le Roussillon fut engagé par Jean II, roi d'Aragon, à Louis XI, roi de France, pour 3oo.ooo écus ou florins, le 9 mai 1402.

(3) Inventaire n° 82.

de subvenir aux frais de réparations à faire aux
remparts et aux forteresses de Saint-Martin et de
Saint-Michel.

Vacance

La mort de Jean de Millars, arrivée peu de temps
après la concession de ces privilèges, laissa le siège
abbatial de Saint-Martin vacant pendant trois ans,
et celui de Saint-Michel, pendant quatorze. Toutefois, celui-ci resta trois ans encore sous la juridiction de celui du Canigou, car l'union de ces deux
Abbayes ne cessa qu'en 1471 (1).

Rodolphe de Lahire — Vacance
Jacques de Banyuls — La commende

L'Abbaye de Saint-Martin mit fin à son veuvage
par l'élection de Rodolphe de Lahire, 3 des calendes
de mars de cette même année. Mais la mort de cet
Abbé, arrivée quelques mois après sa promotion, la
rendit encore veuve, et pour un temps relativement
long, pendant treize ans. C'est seulement le 31 décembre 1484 que Jacques de Banyuls succéda à
Rodolphe de Lahire. Le règne du nouvel Abbé eut
une durée de vingt-deux ans ; il finit en 1506 et fit
place à un nouveau système d'administration, à
celui des Abbés commendataires, ou de donner
l'Abbaye en commende.

(1) Inventaire nᵒˢ 83 et 84.

CHAPITRE IX

Abbés commendataires
Le cardinal Aloys — Gaspard Borreil

Voilà donc la commende inaugurée aussi à l'Abbaye de Saint-Martin, 1056. Nous invitons nos lecteurs à parcourir les quelques pages que nous avons écrites sur ce système de spoliation, dans notre *Histoire de l'Abbaye de Saint-Michel de Cuxa.*

Le premier Abbé commendataire de Saint-Martin a été le cardinal Aloys d'Aragon. Il est ainsi nommé dans la liste des Abbés du Canigou. Gaspard Borreil, moine régulier de Saint-Benoît, le remplaça, en 1513, sous le titre aussi d'Abbé commendataire.

Le n° 86 de notre inventaire relate la permission qu'il obtint du vicaire-général de l'évêque d'Elne, Messa, le 25 août 1519, de quêter pour les besoins du monastère.

Jacques Sirach, Abbé mitré

Ce même numéro nous apprend aussi que son successeur Jacques Sirach, moine régulier comme lui, put jouir d'une faveur bien grande que lui

accorda le Saint-Père, dès la première année de
son abbatiat. Son collègue, l'Abbé de Saint-Michel,
du nom de Henri de Cardonne, eut l'honneur de
la lui faire connaître.

Celui-ci avait, en effet, reçu de Rome, avec prière
de le transmettre en personne, un indult apostolique qui accordait à l'Abbé de Saint-Martin l'usage
de la mître, et la permission de conférer la tonsure
et les ordres mineurs aux novices et aux autres
clercs soumis à sa juridiction, de réconcilier les
églises et les cimetières pollués ; mais dans ces
deux cas, il fallait user de l'eau bénie par un évêque.

Avant cette concession, les Abbés de Saint-Martin
n'avaient droit qu'à la crosse, tandis que ceux de
Cuxa jouissaient, de temps immémorial, de tous les
privilèges à eux actuellement accordés, 3 des
calendes de janvier 1523. On comprend aisément
cette supériorité de pouvoirs abbatiaux du monastère de Cuxa sur celui de Saint-Martin. Il fallait
laisser à l'Abbaye fondatrice un privilège sur
l'Abbaye fondée, à la fille aînée des droits sur la
fille cadette.

Il paraît même que les Abbés de Saint-Martin
n'eurent le privilège de la crosse que postérieure-
ment à 1303. Ce qui nous fait penser ainsi, c'est
que, des deux Abbés représentés en bas-reliefs
sur des pierres sépulcrales de marbre blanc dans
l'église de Casteil, au-dessus du mausolée du
comte Guifre, l'un est représenté sans crosse (c'est
celui dont l'épitaphe porte la date du 8 mai 1303),
tandis que son successeur immédiat, dont l'épitaphe

porte la date de 1314, a la crosse à son côté droit ;
et que parmi les moines qui entourent son
cercueil, figure aussi un Abbé avec ces deux
insignes, crosse et mître.

Le cardinal Césarini — Sigismond Paratge
Le cardinal Jacques de Serra

La commende de Dom Jacques Sirach dura douze
ans. Nommé Abbé commendataire en 1522, au
mois de mars, il mourut le 20 des calendes de
juillet 1534. La survivance de sa charge revint au
cardinal Césarini qui la garda jusqu'en 1540. La
liste des Abbés de Saint-Martin nous donne le
nom de son successeur, Sigismond Paratge, prêtre
séculier. L'administration de cet intrus a été relativement longue. Elle a duré 14 ans. Que se passa-
t-il au couvent de Saint-Martin, pendant ce grand
laps de temps, livré qu'il était à la direction d'un
homme qui, par sa position séculière, n'était pas
soumis à la règle bénédictine, pivot essentiel du
progrès spirituel des âmes monacales?? Lui, disparu
en 1554, c'est encore un cardinal qui est mis à la
tête du monastère, sous le titre d'administrateur
perpétuel. Jacques de Serra, originaire de Valence,
devenu archevèque d'Arboré et plus tard cardinal
prêtre du titre de Saint Clément, du pape
Alexandre VI, s'empara de l'admininistration de
Saint-Martin, à cause de la concession que le
Saint-Père lui avait faite du diocèse d'Elne, sur

le territoire duquel se trouvait le couvent de
Saint-Martin.

Toutefois la mort du pape Alexandre mit fin à
cette anomalie administrative, car son successeur,
Jules II, détacha de la métropole de Narbonne le
siège d'Elne pour le soumettre directement au
Saint-Siège apostolique, et engloba dans cette
nouvelle combinaison l'Abbaye de Saint-Martin.
Celle-ci devint dès lors indépendante de toute
juridiction, si ce n'est de celle de l'évêque de
Rome.

Pierre XII, Abbé
Union de trois prieurés à son monastère

Le premier Abbé qui jouit des bienfaits résul-
tant de l'équité de cette dérogation, fut Pierre XII,
nommé en 1562. Cette nouvelle création valut, en
effet, au monastère de Saint-Martin, dès le début de
Pierre à l'abbatiat, l'union des prieurés de Saint-
Estève-del-Monastir, du Mas de la Garrigue et de
Notre-Dame de Madagons, avec leurs dépendances.

Relativement au prieuré de Saint-Estève, un vieux
document en parchemin, tiré du cartulaire de l'église
d'Elne, nous a appris que ce couvent avait été érigé
en Abbaye en 995. Par un abus de ce temps de
barbarie, elle tomba entre les mains de Bernard
Taillefer, comte de Besalu, qui, en 1020, la légua
par testament à ses descendants. En 1068, on la
soumit à l'obédience de Notre-Dame de Lagrasse,

sous le simple titre de prieuré, et n'avait jamais plus changé de condition.

Pendant les trente-deux années d'abbatiat de Pierre XII s'opéra dans le couvent de Saint-Martin, nous dit l'Inventaire n° 87, un bien immense. Dieu avait bien choisi son instrument pour y faire progresser avec l'amour du détachement toutes les autres vertus monacales.

Onuphre de Giginta — Ange Juallar

Nous n'avons aucune notion de l'administration des deux successeurs directs de Pierre XII. Le premier est mort en 1601, après être monté sur le trône abbatial la même année de la mort de son prédécesseur (1594). Il s'appelait Onuphre de Giginta. Le second, du nom de Juallar Ange, survécut à ce dernier vingt-deux ans, étant mort l'année 1623.

Melchior Soler d'Armendaris
Sa dévotion envers saint Gaudérique

Dom Melchior Soler d'Armendaris, docteur en théologie et en droit canon, homme d'une grande sainteté, prit le bâton pastoral cette même année, 1623. Grand dévot de saint Gaudérique, il consacra le premier acte de son administration à ce Confesseur de Jésus-Christ, modèle accompli d'humilité et de détachement. La châsse de ce saint était restée jusque-là enfermée dans une armoire richement décorée de la sacristie. Ce n'était point assez pour l'ardent serviteur de saint Gaudérique : il fallait placer ses reliques dans un lieu plus digne et propre à les faire vénérer chaque jour. C'est pourquoi il les fit porter processionnellement et avec la plus grande solennité à une chapelle du Cloître qui servait de salle capitulaire. Il crut, après les deux pieuses intentions qui le guidèrent dans cette translation, assurer ainsi à sa communauté une protection plus directe et plus efficace.

L'inventaire des titres et notes du couvent de Saint-Martin, dont la rédaction avait été confiée à M. François Serra, notaire à Perpignan, en vertu d'un arrêt du Conseil souverain, nous a appris, page 12, que le 16 janvier 1787, lorsque Louis XIII assiégeait Perpignan, cet Abbé vint lui présenter ses hommages avec des intentions de médiation. Sa Majesté logeait à Saint-Estève, village non loin de cette ville, à la métairie d'un nommé Pauques (1). A la fin de l'entrevue des deux augustes personnages, le roi, ajoute l'inventaire, demanda à son sympathique visiteur une relique de saint Gaudérique ; Armendaris lui envoya un des deux petits os radius, enfermé dans un magnifique reliquaire (1642).

______

(1) Cette métairie, où Louis XIII avait établi son quartier, a conservé, depuis cette époque, le nom del Mas del rey.

CHAPITRE X

Séquestre de Saint-Martin

Six ans après la mort d'Armendaris, c'est-à-dire à partir du 30 mai 1649, le roi décida de faire administrer et percevoir les revenus de l'Abbaye par des séquestres royaux. Cet état de choses dura pendant plus de quarante ans. Il occasionna des ruines lamentables, et spirituellement et matériellement. Il opéra dans les hommes et dans les choses du monastère une transformation désolante.

Voici les noms des séquestres avec les dates de leur nomination et de leur mort :

Frère Benoît de Manyalich, Prieur de Saint-Sauveur de Brida, diocèse de Gérone, nommé séquestre le 30 mai 1649 et mort le 10 juillet 1651.

Dom François de Montpalau, Abbé de Banyolas, même diocèse, nommé en 1659 et mort en 1674. Il était séquestre aussi, à la même époque, de Saint-Michel de Cuxa.

Frère Sauveur Balaguer, Prieur du monastère de Saint-Michel, nommé en 1674 et mort le 14 juin 1685.

Dom Joseph Viladat, Abbé de Cuxa, nommé en 1685 et mort en 1692.

Dom Joseph de Margarit, Abbé élu et non confirmé, nommé en 1692 et mort au commencement de l'année 1698.

C'est avec la mort de dom Margarit que finit le séquestre de l'Abbaye du Canigou. Il était temps qu'il en fut ainsi.

L'Abbé Pierre Pouderoux — Hôpital militaire à Vernet — Réparations à Saint-Martin

Dom Pierre Pouderoux, dont la nomination eut lieu en 1698, aussitôt après le décès de son prédécesseur, Abbé non confirmé, trouva naturellement ce monastère dans un état des plus déplorables. Il dut y rappeler, et ce fut son premier soin, la discipline ; il s'occupa en même temps, avec un zèle intelligent, à améliorer le temporel et à restaurer les édifices *(Gallia christ.)*. Son activité entreprit encore la construction, aux frais du couvent, d'un hôpital militaire et d'autres logements, aux bains de Vernet. L'Abbé Pouderoux se dédommagea bientôt des dépenses faites pour ces constructions par l'affluence des malades venant chercher la santé à ces thermes. Un peu plus tard il remit sur pied la maison abbatiale, devenue inhabitable, et fit également réparer le chemin du monastère que les ravins avaient rendu presque impraticable (Biographie de saint Gaudérique, pages 168 et 171).

Un homme d'une si bonne trempe, réunissant des qualités supérieures, propres à relancer le

couvent dans une ère de prospérité, aurait dû avoir
une longue existence abbatiale ; hélas ! Dieu, dans
ses desseins toujours impénétrables, en décida
autrement ; il l'enleva au moment où toutes les
espérances se tournaient vers lui, le 28 août 1714.

L'Abbé Augustin Llamby

Toutefois, les espérances qu'on avait du bien
futur à faire par le dévouement intelligent du très
regretté Dom Pierre Pouderoux, ne furent pas
déçues. Dieu mit à la tête du monastère de Saint-
Martin un religieux d'élite, Dom Augustin Llamby,
qui suivit absolument l'exemple de son vénéré
prédécesseur et ne négligea rien pour continuer la
prospérité si bien commencée à Saint-Martin, après
le séquestre.

Dom Augustin, originaire de la noble famille des
Llamby de Perpignan, qui a donné à la Cour souveraine du Roussillon des Avocats généraux, des
Présidents, des Intendants et des Conseillers du roi,
était religieux à l'Abbaye de Cuxa avec le titre de
Prévôt de Fillols, lorsqu'on le désigna pour l'abbatiat de Saint-Martin.

Un brevet qu'il reçut de Sa Majesté très chrétienne, Louis XIII, et que ratifia en 1715, Louis XIV,
lui permit d'exercer, quoique Abbé du Canigou,
l'économat général dans le monastère de Saint-
Michel. Il garda cette charge dans l'intérêt de cet

établissement, jusqu'à l'année 1723, époque où Dom Sauveur, prieur, prit le bâton pastoral.

Un Fait Religieux

Nous nous permettons, sans autre motif que l'édification publique, d'extraire des actes notariés du couvent de Saint-Martin dont l'authenticité est parfaitement reconnue, un fait religieux qui se passa pendant l'administration abbatiale de Dom Llamby.

Ce fait dont l'abondante matière serait susceptible d'un bel épisode de l'Histoire religieuse du Roussillon, si cette Histoire existait, nous dira le grand réveil de la Foi de nos pères et leur confiance en Dieu par l'intercession de ses grands Saints :

« C'était le 9 mai 1718 ; une grande sécheresse désolait le Conflent et le Roussillon. Tous les fruits souffraient extrêmement et commençaient à se perdre. La ville de Perpignan s'émut en prévision de la perte totale de la récolte sur pied et de maladies graves dont les menaces se manifestaient déjà. Aussi s'empressa-t-elle de recourir franchement et de tout cœur au Père des miséricordes.

« On pria, en effet, dans toutes les églises et chapelles : toutefois le Ciel resta d'airain... Que faire dans cette alarmante situation ? Fallait-il désespérer ou continuer de fléchir le Ciel : les Perpignanais prirent ce dernier parti. En conséquence, une députation composée d'ecclésiastiques et des laïques les mieux posés de la ville, part pour l'Abbaye de Saint-Martin du Canigou avec le religieux dessein d'en emporter la relique de saint Gaudérique et de la porter en triomphe partout où on la demanderait, à l'effet d'obtenir de la médiation de ce grand saint une pluie abondante et salutaire (1).

« L'Abbé de Saint-Martin et son vénérable Chapitre reçoivent cette députation avec tous les égards dus à l'honorabilité de ses membres. La supplique, que portait la députation et qui avait été rédigée au nom de toute la ville, fut lue solennellement dans la chapelle même de Saint-Gaudérique, où s'étaient réunis avec Dom Llamby et son Chapitre tous les députés, comme pour commencer à intéresser le puissant Confesseur de Jésus-Christ en faveur du pays.

« L'Abbé accorda, du consentement de son Chapitre, la translation de la Relique à Perpignan, mais à des conditions très bien stipulées dans un acte notarié:

« La relique devait être processionnellement portée depuis l'Abbaye jusqu'à Perpignan. Tous les frais du transfert et des solennités à faire pendant le parcours, étaient assumés par les députés et les membres de la communauté laïque de la cité

---

(1) De tout temps, dans le pays, on s'est adressé à saint Gaudérique pendant les fortes sécheresses afin d'en obtenir la pluie. Cette dévotion doit tenir aux deux miracles qu'il fit, en séparant les eaux d'une rivière qu'il traversait au moment où il se mit à genoux pour réciter l'*Angelus* qu'on sonnait, et en frappant avec son aiguillon de laboureur un endroit d'où jaillit une fontaine.

de Perpignan. On devait stationner et coucher une nuit à Villefranche pour procurer aux fidèles de cette paroisse l'occasion de venir vénérer et prier devant la sainte relique. Une même station devait se faire pour la même fin à Prades, Marquixanes, Vinça, Ille et Millas. Au retour, il fallait prendre, non la route du Soler, mais bien celle de Toulouges et Thuir, pour faciliter à toutes les populations de ce pays le moyen de recevoir aussi les bienfaits du patron des laboureurs. Des prêtres, et des prêtres seulement, devaient porter en tous lieux le précieux corps de saint Gaudérique, aller et retour.

« Personne ne pouvait se permettre de changer la disposition des joyaux et des ornements dont il était enrichi.

« A Perpignan, deux cierges de cire blanche et du poids d'une livre brûlaient jour et nuit devant la relique vénérée. Les deux religieux qui l'accompagnaient, étaient hébergés aux frais de la députation. Les quêtes que faisaient les marguilliers ou autres, étaient au profit du couvent. La remise du profit de ces quêtes devait être faite par un des députés au moment de la reddition du corps-saint à l'Abbaye. Durant tout le temps de la procession, seule, la vraie Croix pouvait précéder la vénérable châsse.

« Partout où sera demandée la relique, les députés sont obligés de l'y apporter processionnellement et avec la plus grande révérence.

« Telles sont les clauses notariées que durent fidèlement et exactement remplir les députés de la

ville de Perpignan, après en avoir pris l'enga-
gement par serment.

« La députation Perpignanaise reçut des mains
des moines le corps-saint, placé dans un petit
coffre en bois, couvert de velours cramoisi et porté
sur un brancard richement décoré.

« Avec la relique furent emportés aussi le buste
du saint, sa tête entourée d'une couronne de
pierreries; deux chapes en damas blanc; deux
bourdons en argent; une croix de cristal; trois
grands rochets; une lanterne; un bassin de laiton
pour les quêtes; deux collets de dentelles; une
petite chape verte et à fleurs d'or. »

A la grande satisfaction de la ville de Perpignan,
la médiation de saint Gaudérique se fit bientôt
sentir. Toutes les démonstrations solennelles de
foi et d'attachement à la religion chrétienne, qui
se firent en ces circonstances désolantes, attirèrent
enfin les faveurs célestes. Une pluie bienfaisante
tomba et le pays fut sauvé.

La sécheresse éprouva en 1719 Prades et le
Conflent: en 1730, de nouveau Perpignan et le
Roussillon. Les mêmes moyens obtinrent toujours
le même résultat, c'est-à-dire la cessation de ce fléau.

Une profession religieuse
à la Cathédrale de Corneilla

A la suite de la narration que nous venons de
faire des circonstances miraculeuses, toutes dues

à la puissance de saint Gaudérique auprès de
Dieu, et aux grandes manifestations de piété en
son honneur de la part des habitants du Conflent
et du Roussillon, nous nous félicitons de pouvoir
offrir aussi le récit d'une cérémonie religieuse qui
eut lieu à la cathédrale de Notre-Dame de Corneilla
sous la présidence de Dom Llamby, Abbé de
Saint-Martin. C'est à un document d'un annuaire
de Maître Jean Félip, notaire de Prades et secrétaire apostolique du monastère du Canigou que
nous le devons. Nous le donnons textuellement,
tel qu'il a été rédigé par le susdit notaire :

« Le 30 juillet, l'an de Notre-Seigneur Jésus-
Christ 1720, en l'église cathédrale de Notre-Dame
du lieu de Corneilla en Conflent, régnant très
chrétien prince Louis XV, par la grâce de Dieu,
roi de France et de Navarre.

« Par devant l'illustre et très révérend Frère
Dom Augustin de Llamby, Abbé du monastère de
Saint-Martin du Canigou, assis en chaire devant le
maître-autel de la dite église de Notre-Dame du
lieu de Corneilla assisté de Frère Dom Jean Llaitus,
infirmier, de Frère Dom Raymond de Rovira,
camérier, et de tous les religieux du dit couvent
de Saint-Martin du Canigou, de l'ordre de saint
Benoît, se est présenté Frère Jacques Pagès,
religieux novice du dit couvent de Saint-Martin,
lequel a dit au sieur Abbé qu'il a fini l'année
d'expérience de son noviciat, qu'il est âgé de
25 ans, et que n'étant nullement subordonné, mais
bien ému de véritable dévotion, il veut vivre et

mourir dans la religion du glorieux saint Benoît ; et s'étant mis à genoux et les mains pliées entre les mains du dit M. l'Abbé, a promis et professé observer et garder la règle du dit ordre du glorieux saint Benoît, la conversion de ses mœurs, l'obédience et due révérence au dit M. l'Abbé et à ses successeurs et autres supérieurs suivant la règle du dit ordre de saint Benoît, lui suppliant de lui accorder le froc et cuculle monacale, laquelle promesse et profession a faite en la manière suivante, savoir : que étant mis à genoux devant le dit maître-autel, ayant un papier écrit en la main, a lu scelui qui contient ce qui s'ensuit :

« *Ego, Jacobus Pagès, promitto stabilitatem et conversionem meorum morum et obedientiam debitum secundum regulam ordinis sancti Benedicti coram Deo et Sanctis ejus in monasterio sancti Martini de Canigo in presentiâ admodûm illustri et reverendi Domini Augusti de Llamby, Abbatis dicti monasterii ;* » lequel écrit il a mis et laissé sur l'autel, et le dit illustre et révérend Augustin de Llamby, Abbé susdit, après plusieurs remontrances et exhortations faites au dit Frère Jacques Pagès, et après que ont été dites les oraisons que, en semblable cas, s'accoutument dire, louant, approuvant et consentant au ci-dessus dit, a reçu le dit Jacques Pagès en religion au dit couvent de Saint-Martin du Canigou, de l'ordre de saint Benoît et aux bénéfices d'Icelui spirituels et temporels, lui ayant accordé le froc et cuculle monacale dont il a été investi ; après quoi les dits religieux l'ont embrassé et reconnu en religion profès par un baiser de paix, desquelles choses acte faire m'ont requis. » Témoins à ce présents, sont :

« Joseph Pagès, frère du profès ; Martin Joly, licencié, qui ont signé. L'Abbé de Saint-Martin du Canigou ; Frère Joseph Llaitus, infirmier ; Lo Camarer Rovira, Joseph Pagès et Martin Joly.

« Et Je, Vincent Félip, notaire et secrétaire de l'Abbaye de Saint-Martin du Canigou. »

Nous nous demandons le motif qui a déterminé à faire cette cérémonie de profession à l'église cathédrale de Corneilla et pas à l'église conventuelle du monastère. Peut-être serait-ce pour éviter aux invités la pénalité de grimper, pendant trois quarts d'heure à travers des chemins difficiles : ce serait possible. La canicule du 22 au 3o juillet pourrait aussi avoir été mise en cause.

Dom Jacques Pagès prévôt de Saint-Martin

Une année après sa profession, Dom Jacques Pagès devint prévôt majeur de Saint-Martin. Ce titre lui valut annuellement les dîmes et censives du lieu d'Eus, qui équivalaient à la somme de 72 louis d'or, de 11 fr. la pièce, payables par tierces égales à partir du 1er mai ; à 6 charges de bon vin claret, à 2 dourgs d'huile bonne et recevable et à deux fourchs d'oignons que le sieur Labarta du lieu d'Eus, se charge de porter, chaque année, à la maison du couvent du sieur Jacques Pagès. »

« Acte passé par Jean Félip, notaire, le 13 juin 1719. »

L'héritage de cette prévôté lui provenait de Dom Frère Romuald Navarre et Escape, mort le 27 du mois de janvier de la même année. (Acte du même notaire.)

Huit années d'abbatiat permirent encore à Dom Augustin de gouverner sagement et surtout efficacement le monastère qu'il affectionnait et auquel il donnait tout son dévouement. Aussi le temps relativement long et bien rempli qu'il y passa, laissa à Dom Ignace Valls, doyen de Cuxa, une succession véritablement facile.

Dom Ignace Valls, doyen de Cuxa

L'accueil fait à celui-ci par la communauté qui l'avait élu unanimement, quoique étranger, l'encouragea à prendre en main le bâton pastoral avec la ferme volonté de marcher sur les traces de son vénérable prédécesseur. Son frère Dom Joseph Valls, religieux très estimé, avait prévu pendant la maladie mortelle de Dom Llamby que les suffrages de la future élection se porteraient sur le Doyen de Cuxa ; c'est pourquoi, pour les assurer, il profita de l'influence de la vénération dont il jouissait lui-même auprès de ses collègues, pour lui préparer ce résultat bien désirable : ce à quoi il réussit sans effort, le candidat se recommandant déjà par les marques visibles qui attirent les sympathies et la confiance.

Les noms des dignitaires de son Chapitre nous étant connus par des actes qu'avait rédigés Vincent Félip, notaire, et qui portent les dates 1729, 1730 et 1731, nous croyons devoir les donner pour apprendre au lecteur les divers titres des membres composant le Conseil complet de l'Abbé. Ce sont: Dom Jean de Sanges, Prieur claustral; Dom Pierre Fons, aumônier; Dom Joseph Santpau, prévôt mineur; Dom Joseph Llaitus, infirmier; Dom Joseph Fabre, sacristain; Dom Joseph Illes, ouvrier; et Dom Jacques Pagès, docteur en théologie, prévôt majeur, dont nous venons de parler ci-dessus.

L'abbatiat de Ignace Valls dura 35 ans, de 1718 à 1743. Celui de son successeur, Dom Jacques Bambes, de Millas, que l'absence de documents nous rend inconnu au point de vue de ses œuvres dura 26 ans, de 1743 à 1764, année de la promotion de Dom Jacques de Durfort à la dignité abbatiale.

Rétablissement de la vie commune
Oppositions

Ici nous touchons aux décisions civiles et ecclésiastiques qui furent prises pour le rétablissement de la vie commune dans l'ordre bénédictin en France, et par conséquent dans le couvent de Saint-Martin et dans ceux d'Arles et de Cuxa.

Par l'opposition qu'on fit, à Saint-Michel, à cette nouvelle réforme, nous nous expliquons celle qui fut faite à Saint-Martin. Au reste, une allocution prononcée dans une réunion capitulaire et écrite dans une délibération prise par les religieux de ce monastère, nous exposera un peu plus loin, les raisons qu'ils donnaient pour ne pas accepter la réforme en question.

Un édit du roi, du mois de mars 1768, et une bulle de Clément XIV, du 13 juillet 1772, confirmée par lettres patentes (enregistrées en Conseil souverain du Roussillon, 20 du mois d'août 1772), rétablissent en France la vie commune dans les monastères de l'ordre de Saint-Benoît, supprimant et abolissant les places monacales, dont le bénéfice devait être uni, au fur et à mesure des décès des titulaires, à la mense conventuelle. (*Bullarium romanum*, I IV, in-fol., 13 juillet 1772.)

Le 8 mai 1773, le Chapitre de Saint-Michel de Cuxa se réunit dans la salle capitulaire sous la présidence de Dom Réart, Abbé, qui lui parla dans les termes suivants :

« Vénérables Frères, vu l'Édit du roi et la Bulle du Pape dont vous connaissez tous le contenu, je vous propose d'envoyer un député à Sa Majesté pour lui exposer les très humbles représentations du Chapitre et dire et représenter tout ce qu'il croira utile et avantageux, pour que Nous et nos successeurs après Nous, soient conservés dans l'état actuel, les offices claustraux, chapelles claustrales et places monacales ne soient supprimés, et

mettre sous les yeux de Sa Majesté les inconvénients
de cette suppression ; et je vous propose pour
remplir cette commission M. de Gispert, prieur et
vicaire-général de l'Abbaye d'Arles, déjà nommé
par le Chapitre de la dite Abbaye. »

Cette proposition ayant été mise en délibération,
le Chapitre l'accepta. (Registres des délibérations
capitulaires de Saint-Michel de Cuxa, page 11, à
l'ancien notariat de Mᵉ Lavaill, de Prades, dernier
notaire apostolique de Saint-Michel.)

Démarches — Allocution

Dom de Gispert partit, en effet, pour porter au
Roi la supplique capitulaire. Sa démarche n'aboutit
pas. Il en résulta pourtant que, si on persistait à
ne pas accepter la réforme, on devrait, aussi bien à
Saint-Michel qu'à Arles et à Saint-Martin, se séculariser, et former par la réunion des moines de ces
trois Abbayes un Chapitre noble. A Cuxa, on
accepta cette proposition, mais à la condition que
ce nouveau Chapitre aurait un Abbé séculier, avec
la résidence au monastère même de Saint-Michel.
(Registre des délibérations capitulaires de Saint-
Michel, page 11.)

Sans en avoir la certitude absolue, nous doutons
que, à la Cour française, on adhérât à cette condition. Ce qui nous porte à penser ainsi, c'est qu'il
n'en est plus question dans les délibérations capi-

tulaires. Ces documents, au contraire, trahissent un esprit de persistance en haut lieu pour faire accepter la nouvelle réforme.

Voici, à l'appui de notre appréciation, les paroles textuelles que prononça, le 16 octobre 1773, le Prieur claustral de Saint-Michel, Dom Ribes, devant tous les membres du Chapitre :

« Je ne me sens pas d'autre courage que celui de mêler vos larmes aux nôtres. Je ne m'entends pas en réflexion, formé presque dès le berceau aux devoirs pénibles de l'état religieux ; l'amour dont je vous vois brûler pour votre état vous instruira bien mieux que je ne pourrai vous dire, et ne prenant conseil que de Celui qui est la source de la lumière, si nous n'avons pas la force d'embrasser un état plus pénible et plus laborieux, j'aurais la consolation de vous voir fidèles aux engagements pris avec le Ciel et former la généreuse résolution de ne les finir qu'avec la vie.

« Ayant déjà considéré avec vous tous, dans une délibération, que la vocation à l'état monastique est un don du Ciel et que toute réforme prescrite par des lois supérieures peut faire des hypocrites et non de vrais religieux, nous ne pouvions, tant en corps que chacun en son particulier, nous assujétir aux chefs de réforme portés dans la bulle qui unit les officiers claustraux à la mense conventuelle, et aux édits de 1768 et 1773. Les lieux réguliers, tels que réfectoire, dortoirs et autres, étant détruits au point qu'il n'en reste pas seulement de traces, rendent impraticables l'exécution de la réforme et des édits, et font que nous ne pouvons pas accepter la réforme ordonnée. » (Registre des délibérations capitulaires de Saint-Michel de Cuxa, page 16.)

La durée de la résistance des trois Abbayes à cette réforme imposée par le Pape et le roi fut de onze ans. C'est en 1768 que l'édit de Louis XV parut, et les trois monastères, en 1779, étaient loin de vouloir se soumettre encore. L'allocution suivante, prononcée dans la salle capitulaire de Saint-Martin par le Prieur claustral, Dom François Sicart, le 1ᵉʳ septembre 1779, témoigne de la continuation de cette triple résistance :

« Il sera très humblement représenté dans notre délibération capitulaire à Sa Majesté que les bénéfices ou offices claustraux de ce monastère et des deux autres de même nature situés en Roussillon, servent de retraite et de ressource aux enfants de familles nobles et honnêtes du pays, dont les facultés sont communément trop modiques pour leur procurer d'autres établissements ; que ce monastère fait partie de la congrégation de Tarragone qui existe en Espagne dans l'état le plus florissant ; que, par ces considérations, les dispositions des bulles et des lois générales concernant les réguliers en France ne semblent pas devoir s'appliquer aux monastères situés en Roussillon ou du moins à ceux qui font partie des congrégations étrangères ; que si l'observance mitigée à laquelle les religieux de ce monastère se sont voués n'est pas aussi méritoire que celle des congrégations réformées, elle est du moins toujours respectable par l'essence des vœux monastiques et par la vie recueillie et retirée, à laquelle se consacrent les religieux qui viennent habiter un si affreux désert ». (Registre des délibérations capitulaires de l'Abbaye royale de Saint-Martin du Canigou.)

CHAPITRE XI

Sécularisation de Saint-Martin
Démarches à ce sujet

Les religieux dignitaires de Saint-Martin envoyèrent, en effet, au roi la délibération telle que la motiva dans son allocution faite à la salle du Chapitre, le Prieur claustral Dom Réart. Sa Majesté n'en accepta pas les raisons. Ce refus royal provoqua alors de la part des religieux la demande de sécularisation, ne pouvant pas, disaient-ils, se soumettre à une réforme dont la pratique leur paraissait, *à eux,* impossible, à tous les points de vue. Dom Marie Grumet de Montpré, dernier Abbé commendataire de Saint-Martin et successeur de Dom Jacques de Durfort, était au pouvoir depuis seulement deux mois, lorsque le 4 septembre 1779, les officiers du Chapitre se réunirent une dernière fois pour réitérer avec instance à Sa Majesté Louis XVI qui avait succédé à Louis XV, la demande de sécularisation. Ils prirent, en effet, la délibération dont la teneur suit :

« Nous soussignés, réunis en Chapitre, considérant que, depuis dix ans, nous sommes menacés d'être mis à la vie séculière, avons résolu de représenter à Sa Majesté très chrétienne, le roi de France, que si cette mesure que nous sommes loin de désirer et que nous avons pourtant demandée, parce qu'il nous est impossible d'accepter un genre de vie tel que celui qu'on nous propose ; si cette mesure, dis-je, est irrévocablement décidée, notre position nous force à demander qu'elle s'effectue au plus tôt ; et les principaux motifs que nous alléguons, sont les suivants :

« 1° Nos propriétés dépérissent, et la prudence ne Nous permet plus d'en hasarder l'amélioration. Nous sommes réduits à cinq officiers claustraux, presque tous très âgés, et les uns et les autres plus ou moins atteints d'infirmités : ce qui fait que s'il en vient à décéder un ou deux, la régularité, le culte, l'acquit des fondations devront bientôt cesser dans le monastère. Les survivants ne pourront plus se secourir les uns les autres et seront exposés plus que jamais à être pillés ou assassinés par des brigands dans cette affreuse solitude. Cette crainte et la rigueur des hivers plus ou moins insupportable à notre âge, finiront peut-être par nous contraindre à chercher un autre asile. Pour peu d'ailleurs que notre rentrée dans le siècle soit retardée, Nous serons hors d'état d'acquérir les moyens d'y être utiles.

« 2° Nous proposons qu'on Nous conserve, en cas de dissolution, la jouissance des biens et revenus de nos offices avec le surplus que le seigneur Abbé fournit, selon ses obligations, à la communauté, au monastère, à l'église même, consentant qu'il remette entre les mains d'un séquestre la somme à laquelle on aura évalué les denrées, redevances, vestiaire et sel qu'il est tenu de distribuer aux moines. Que si ce prélat aime mieux jouir lui seul de tous les biens et revenus des officiers claustraux, il devra s'engager à servir annuellement une pension de 800 livres, franche et quitte de toutes charges, dont il augmentera le taux proportionnellement aux extinctions, jusqu'à ce qu'elle s'élève à 1400 livres. Pour prévenir toute difficulté sur l'époque où commencera cet accroissement, la valeur de chaque office claustral sera fixée ainsi qu'il suit :

« La grande prévôté, 2050 livres ; l'aumônerie, 600 ; l'infirmerie, 500 ; la sacristie, 300 ; la prévôté d'Aureilla, 200 ; la chambrerie, 200.

« La présente délibération, faite en triple original, sera envoyée à Sa Majesté très chrétienne, Louis XVI, roi de France et de Navarre. »

« Signés : † Dom Sicart, sacristain, prieur claustral, vicaire-général.

† Dom Cavaillon, prévôt d'Aureilla.

† Dom Terrats, grand prévôt.

† Dom Ay, infirmier.

† Dom François de Collarès, aumônier et secrétaire du Chapitre. »

« 4 novembre 1779.

« Nous soussigné, Abbé, par la grâce de Dieu et du Saint-Siège apostolique, confirmons et ratifions la délibération prise par les très illustres membres de notre Chapitre, avec la réserve de Nous en rapporter à ce qui sera réglé par le roi sur la manière de pensionner les offices claustraux de notre royale Abbaye de Saint-Martin du Canïgou.

« L'Abbé GRUMET DE MONTPRÉ. »

(Copie exacte de l'original qui existe dans l'ancien notariat de Mᶜ François Serra où il nous a été permis d'entrer sans difficulté et de fouiller à notre aise les vieilles archives.)

Document de Joseph de Maury

Après cette démarche faite au Roi, il fallut en faire une autre auprès du Saint-Siège. Nous n'avons pas pu trouver le texte de la supplique que ces mêmes religieux envoyèrent à Rome. Toutefois la traduction de la relation suivante, écrite dans un très beau catalan par le sieur Joseph Maury de Vernet, frère de Martin Maury, Procureur juridictionnel (à cette époque) de l'Abbaye de Saint-Martin, comme de celle de Cuxa, est de nature à satisfaire le lecteur sur tous les détails, non seulement civils, mais ecclésiastiques de cette sécularisation de l'Abbaye du Canigou et sur les tristes conséquences qui en résultèrent.

« Le 13 du mois de septembre de l'année 1782,

dans la maison du sieur Martin Maury, Pagès, du lieu de Vernet, en Conflent, diocèse d'Elne, s'accomplirent les formalités ordonnées par la Bulle que le Saint-Père donna à Rome, le 11 des calendes de février 1182, pour la suppression du couvent, de l'Abbé et des moines de Saint-Martin du Canigou, lequel couvent est situé sur le territoire de Vernet et en face du village. Les noms des religieux étaient : Grumet de Montpré, Abbé; Collarès, aumônier; Terrats, prévòt majeur; Cavaillon, prévòt mineur ; Sicart, prieur et sacristain ; Bordebile, camérier ; Ay, infirmier.

« Tous ces moines, l'Abbé compris, ayant demandé par une délibération la suppression ou sécularisation de leur couvent, elle leur fut accordée par une Bulle. Ce document apostolique déléguait l'Archevêque de Narbonne pour se transporter, lui-même ou son délégué, à l'Abbaye de Saint-Martin, afin de vérifier les motifs que l'Abbé et les religieux avaient exposés pour obtenir la sécularisation.

« L'Archevêque de Narbonne délégua un de ses grands vicaires qui était chanoine de la Cathédrale et portait le nom Llins. Celui-ci vint, accompagné de l'Abbé de Montpré et du notaire François Serra de Perpignan, à la maison du susdit Maury Martin, Procureur juridictionnel de l'Abbaye, afin de vérifier les motifs exposés par les intéressés.

« Pendant le cours de cette enquête de *commodo et incommodo*, il y eut de très grandes oppositions de la part des communes de Prades, de Villefranche et des autres localités environnantes.

« Toutes envoyèrent des Commissaires ou Syndichs pour s'opposer à la suppression demandée et pour réclamer qu'on rejetât les délibérations que les moines avaient rédigées et envoyées, l'une au roi et l'autre au Pape.

« Les raisons données par les délégués des communes furent bien reçues et annexées dans le procès-verbal. C'est ainsi au reste que l'ordonnait la Bulle du Saint-Père : de recueillir dans l'enquête toutes les raisons des parties intéressées au maintien du couvent.

« Cette enquête et l'audition des témoins contraires à la suppression dura jusqu'au 5 septembre, c'est-à-dire deux jours. Après cela, il se passa un an, sans que nous ayons su où en étaient ces affaires.

« Pourtant, l'année suivante, en 1783, à pareil jour, 2 septembre, après que le Conseil souverain du Roussillon eut enregistré les lettres patentes du roi, données pour la suppression ou sécularisation dont il est question, vint au monastère de Saint-Martin un commissaire du dit Conseil, nommé Capot, conseiller, assisté du secrétaire du Conseil. Il convoqua l'Abbé et les religieux, et leur lut l'arrêt de sécularisation, en leur enjoignant d'exhiber à l'instant tous les titres et papiers du couvent et du Chapitre, parce qu'il devait en faire le dépôt à Perpignan.

« Ainsi se termina la mission civile du délégué Capot, ordonnée par les lettres patentes du roi.

« Les formalités ecclésiastiques devaient terminer et consommer ce grand et si triste travail de la

sécularisation du couvent de Saint-Martin du Canigou.

« Les grands vicaires de l'église d'Elne, en l'absence de l'Evêque, déléguèrent aussi un commissaire au monastère, à l'effet d'y remplir les fonctions
ordonnées par la Bulle pontificale. Cette pénible
charge incomba au curé d'Olette, l'abbé Soléra,
docteur en théologie. Son premier soin, arrivé au
couvent, fut de dresser un inventaire de tous les
objets qui étaient dans les deux églises et à la
sacristie ; on les porta en lieu sûr, à l'église de
Villefranche. Ce travail dura depuis le 2 septembre
jusqu'au 7 du même mois, dernier jour, hélas! du
couvent de Saint-Martin, et le premier de sa destruction. La porte de l'église souterraine, dédiée à
la Sainte Vierge, fut murée. Celle de l'église conventuelle fut fermée à clef. La translation des reliques de saint Gaudérique à Villefranche se fit
processionnellement au milieu des larmes et des
sanglots. Elles sont restées là sous la garde et la
vigilance de la Communauté ecclésiastique de cette
ville jusqu'au 31 décembre.

« C'était une véritable consternation d'entendre
pleurer et gémir toutes les personnes présentes à
Saint-Martin quand on ferma les portes. La désolation augmenta d'autant plus que les religieux eux-
mêmes pleuraient et se lamentaient de devoir
quitter pour toujours ce désert, ces églises et la
chapelle surtout de Saint-Gaudérique.

« Le 22 du mois de décembre de cette même
année 1783, Perpignan avait fait le vœu de glorifier

saint Gaudérique le plus solennellement possible, s'il obtenait de Dieu la cessation des grandes pluies qui menaçaient d'inonder tout le Roussillon.

« Cette fois, ce n'est pas la sécheresse qui fait recourir les catalans à la protection du patron des laboureurs ; tant il est vrai de dire qu'on lui reconnaissait une puissance propre non seulement à faire cesser le fléau de la sécheresse, mais à écarter tout malheur général qui nuisait aux hommes et aux choses.

« Une députation perpignanaise partit donc pour Villefranche où étaient en dépôt, nous l'avons dit plus haut, les reliques de saint Gaudérique ; six prêtres de la communauté de Saint-Jean, que l'Evêque avait délégués, devaient les porter processionnellement à Perpignan où elles arrivèrent, en effet, le 5 janvier 1784. Saint Gaudérique exauça encore une fois le peuple roussillonnais.

« Trois années s'étaient écoulées depuis la fermeture du monastère du Canigou, lorsque le moment arriva de vendre les cloches et de distribuer les autels et les ornements aux églises qui dépendaient de la juridiction de l'Abbaye. Cette triste opération eut lieu le 7 du mois d'août 1786.

« Toutes les paroisses intéressées avaient été prévenues. Quant à la vente des cloches, Perpignan en fit l'acquisition, excepté toutefois de la plus grande que la ville d'Olot, en Espagne, voulut acheter pour son magnifique clocher de Notre-Dame de la Tour.

« Le démontage des autels prit deux jours aux

ouvriers, le 8 et le 9 du même mois, et aussitôt après s'en fit la distribution ainsi que des ornements, toujours en présence du délégué de l'évêque, le curé d'Olette.

« Instruites qu'elles étaient de par une ordonnance épiscopale de la distribution dont il s'agit, les marguilleries rédigèrent chacune une délibération pour nommer un commissaire à qui était donné officiellement la mission d'aller prendre les objets que devait lui remettre le délégué ecclésiastique.

« Le docteur Soléra leur donna, en effet, à chacun la part qui lui revenait. De droit, le marguillier de Vernet, Jacques Brozy, reçut, le premier, une large portion du partage. Suivirent ensuite : Barthélemy Llopet, marguillier de l'église de Sahorre ; Joseph Vidal, marguillier de l'église de Mantet ; Jean Carbonneil, marguillier de l'église de Marquixanes, et Jean Escaro, marguillier de l'église d'Aureilla.

« Cette distribution finie, le commissaire ecclésiastique eut soin d'en dresser procès-verbal et de le faire signer par tous les délégués présents des paroisses.

« Le lendemain, 11, la translation à la nouvelle église de Casteil des dépouilles mortelles du comte Guifre, fondateur de l'Abbaye, et de sa femme, la comtesse Elisabeth, donna lieu à une nouvelle démonstration déchirante de regrets et de larmes.

« La même niche en marbre dans laquelle avait été placées ces augustes dépouilles, les reçut à l'église de Casteil où les ouvriers l'avaient vite remontée. La magnifique statue de Guifred reprit sa place sur le riche sarcophage.

« Un service funèbre solennellement célébré en présence d'une foule très nombreuse, de tous les marguilliers des paroisses ci-dessus nommées et d'un nombre considérable d'ecclésiastiques, termina cette lugubre et très émotionnante cérémonie du transfert des restes mortels du comte et de la comtesse Guifred.

« Ensuite, on remonta au monastère pour en retirer tout ce qui pouvait y être resté : après quoi, le délégué de l'évêque quitta ces lieux et dit, dans les sanglots, ce dernier adieu aux moines défunts : « *Requiescant in pace* ».

« Les bâtisses et les propriétés environnantes restèrent pour le compte de l'Abbé Grumet de Montpré. Quoique sécularisé il en retirait les revenus. »

« Le 8 décembre 1786 commença la vente par fractions de tous les immeubles. Mon frère, le sieur Martin Maury, en qualité de procureur substitué accepta cette charge, quoiqu'elle ne fut pas agréable. Le dévouement seul le détermina à faire ainsi.

« *Ad Memoriam futurorum post nos venientium.* »

Joseph MAURY, de Vernet.

C'est dans la maison même de l'auteur du document qui vient de nous expliquer la fin désolante du monastère du Canigou que nous l'avons trouvé. Elle est habitée aujourd'hui par un neveu, du nom de Martin Maury, propriétaire. Il nous a livré très gracieusement les vieux papiers de ses oncles qu'il tenait dans un coffre en bois de chêne. Après plusieurs heures consacrées à les examiner, nous découvrîmes la présente pièce qu'il nous permit d'emporter pour en prendre copie.

Nous sommes d'autant plus sûr de la véridicité du récit de Joseph Maury, frère du procureur substitué, Martin Maury, qu'il concorde parfaitement avec les extraits suivants que M. Henri de Barthélemy, archiviste de la ville de Perpignan, avait tirés des pièces originales qui composent une partie du cartulaire de Saint-Martin :

« *1783, le 2 septembre.* — Un membre du Conseil souverain du Roussillon, M. Capot, fut envoyé au monastère pour y opérer le dépôt des reliques, vases sacrés, ornements, etc., jusqu'à l'arrivée du nouvel évêque, Dugay, et pour la recherche des titres et autres pièces.

« *1783, le 4 du même mois.* — Le curé d'Oléta, M. Soléra, commissaire délégué par le vicaire général de Perpignan, s'étant rendu à Saint-Martin, lut à la communauté réunie les bulles de sécularisation. Cette lecture achevée, les religieux fondirent en larmes, en se dépouillant de la cuculle dont ils étaient revêtus (1), et tous les assistants partagèrent leur émotion.

« *1785, 8 avril.* — Arrêt du Conseil souverain, touchant la suppression du monastère. Il est dit

____

(1) La cuculle était l'habit de chœur des bénédictins.

dans cet arrêt que la Cour souveraine avait enregistré, vers la mi-septembre 1783, les bulles données
le 11 des calendes de février 1781, ainsi que les
lettres patentes du mois d'avril 1782, concernant la
sécularisation et la suppression du monastère de
Saint-Martin du Canigou et l'union des biens et
revenus de la Mense conventuelle à l'Abbaye, le
décret de l'archevêque de Narbonne, portant sa
sécularisation, en date du 5 octobre 1782, et l'inventaire des vases sacrés, ornements, etc., de
l'église, dressé le 2 septembre 1783.

« La dite Cour ordonna subséquemment queles
vases sacrés, vêtements sacerdotaux, les livres de
chœur, même celui qui contient les quatre Evangiles avec l'exposition de saint Jérôme, écrit sur
vélin, relié in-4°, dont les couvertures sont en bois,
couvert de plaques d'argent en relief, représentant
d'un côté un Christ entre deux images, de l'autre
une seule image et d'autres décorations, demeu-
rassent à la disposition de l'évêque diocésain pour
être distribués à telles églises qu'il jugera con-
venable, commençant par celle de Casteil, jusqu'à
ce qu'elles soient suffisamment pourvues.

« Ordonna, en outre, que le mausolée et la statue
du fondateur du monastère, qui est en marbre
blanc, portant une inscription en lettres gothiques
fussent transportés de l'église de Saint-Martin dans
l'église de Casteil. Cette translation se fit, en effet,
le 11 août 1786.

« La châsse de saint Gaudérique, ainsi que le
retable, etc., furent portés à Perpignan et placés

dans une des chapelles de l'église de Saint-Jean
où nous les voyons encore aujourd'hui. Le jour
où on enleva cette relique du monastère fut un
jour de deuil et de désolation pour les habitants
de Vernet et de Casteil. On n'entendait de tous
côtés que des lamentations. »

De Montpré cède les thermes de Vernet
Dévouement du docteur Barrèra
pour l'agrandissement de ces thermes

Deux années après la complète consommation
de l'acte de sécularisation de l'Abbaye du Canigou,
Dom Grumet de Montpré, considérant que les
bains de Vernet étaient en très mauvais état, que
les bâtiments tombaient en ruines et qu'on ne
pouvait par conséquent les fréquenter sans danger
quoiqu'ils fussent très propres à guérir et à soulager
plusieurs genres de maladie, les céda par acte
notarié, passé à Perpignan le 12 avril 1788.

Voici la teneur de cet acte que relatent les
Mémoires qu'a écrits sur les bains de Vernet
l'acquéreur lui-même, Pierre Barrèra :

« Messire Jean-Marie Grumet de Montpré, ex-
Abbé commendataire de l'Abbaye royale de Saint-
Martin du Canigou, cède à M. le docteur Barrèra,
médecin de l'hôpital militaire de Mont-Louis, et
lui baille en emphytéose perpétuelle pour lui et ses
successeurs les bains et les eaux de Vernet avec
les bâtisses et les murs y attenants, avec les

lambeaux de terre qui se trouvent au contour, aux pactes qui suivent :

« 1° Que le dit M. Barrèra et possesseurs seront tenus de laisser prendre les bains *gratis* aux pauvres et aux habitants de Vernet et Casteil ;

« 2° Que l'acquéreur est autorisé à couper dans les forêts de l'Abbaye la futaille nécessaire pour la construction et la réparation des bains ;

« 3° Que le paiement d'une censive de neuf livres, *monnaye* de France, s'effectuera le 12 avril de chaque année à qui de droit ;

« 4° Que l'acquéreur payera pour droit d'entrée la somme de six cents livres. »

Si l'ex-Abbé de Montpré céda pour cause d'utilité publique les thermes de Vernet à M. Barrèra, il voulut pourtant rester possesseur de l'Abbaye et de toutes les propriétés environnantes, aux conditions convenues, avant la consommation de l'acte de sécularisation, entre lui et ses officiers claustraux.

Ces biens sont restés propriété privée jusqu'à la Révolution. Cette époque de crimes et de brigandages en fit une propriété nationale, après que leur auguste possesseur fut devenu, à Paris, une des victimes de la rage révolutionnaire.

Le docteur Barrèra retira aussitôt les bains de Vernet de l'état de délabrement dans lequel ils se trouvaient.

Depuis, de nouveaux bâtiments, vastes, élégants et bien distribués, ont classé les thermes de Vernet parmi les premiers du Midi.

De tous les malades qui ont donné le plus de crédit à ces eaux de Vernet, nous pouvons citer Ibrahim-Pacha, vice-roi d'Egypte, qui, en 1846, séjourna trois mois dans ces thermes. L'auguste malade y trouvait, avec un soulagement complet à ses souffrances, un air salubre, un climat doux et une délicieuse variété de sites enchanteurs.

PIÈCES JUSTIFICATIVES

—

1

1025. In nomine Domini, Ego Berengarius Presul cum omni congregatione sanctæ matris ecclesiæ Helenensis mihi subdita, commutatores sumus tibi Scluano abbati sancti Canigonensis Martini et tibi subditæ congregationi Domino militanti. Commutamus igitur tibi et tuis fratribus ecclesiam sancti Saturnini ville Verneti cum primiciis et decimis sine fidelium oblationibus sibi pertinentibus et suis alodibus vel possessionibus integre. Que est in valle Confluente in suburbio Helenense, terminatur autem jam dicta parrochia ab oriente in Cavallo vel in Tartario Majore, ac meridie in Callo Juuelli vel in Serra Aquateti, ab occiduo in Pausa Guillelmi vel in Palanici cherolo sub fumo vel in Caivro pelato, ab (et) acirtio terminatur in viam Sancti Clementi (1) euntem de Corneliano. Omnia igitur predicta commutamus vobis pro vestra ecclesia quam de vobis accipimus, id est eam de Matrechexanas cum terminis suis. Quicumque autem presumptive hoc conatus fuerit infruigere, extranens sit à liminibus sanctæ ecclesiæ, donec satisfaciat plene jam dictæ ecclesiæ nostræ vero commutatio sit triplicata, et maneat inconvulsa. Facta com-

(1) Saint Clément de la Serra ancienne église située entre Corneilla et Fuilla.

mutatione IIII. Ka Aprilium anno XXVIIII regnante rege
Roberto.

> Berengarius quamvis indignus tamen gratia Dei episcopus
> sancte mater ecclesie Elenensis †. Ebolus lenita. Guil-
> lemus lenita. Oliba lenita. Durandus lenita. Ellemarus
> presbiter et claviger. † Landricus presbiter. † Udalgarius
> archipresbiter. † Bernardus lenita. Gancelmus Archi-
> dianus †. qui hanc commutationem fecimus et testibus
> firmare rogawimus, Goltredus sacer †. Vidal sacer †.
> Guadamirus sacer †. Salomon sacer et judex † scripsi.
> Reimundus Archilenita †.

(Archives départementales; titres de la prévôté majeure de
Canigo f° 27. Copie du xviiie siècle.)

———

2

1026. In nomine Domini, Ego Sclua Abas, et Salomon
frater meus nos simul carta facimus ad domum Sancti Martini
Cœnobii Kanigonensis, de pecia una de terra et de alia vinea.
Qui sunt in comitatu Rossolionense, in suburbio Helense (sic)
in villa que vocant Lupiano. Et ipsa precia de terra qui est ad
Pugolanallo sive campo rotundo, affrontat de una parte, in
terra de Recosindo, et de alia in terra de Guanta, et de III.
in terra de Bernardo Guanta, et de III. in terra de Arcedonia.
Et ipse vinea qui est in Coma Bagmir, affrontat de II. partes,
in vineas supra dicti cenobii, et de III. in vinea de Bernardo
Guanta, et de IIII. in ipso vallo. Quantum infra istas omnes
afrontationes includunt. Sic donamus ad iam dictum cenobium,
ipsa terra et ipsa vinea ab integrum cum exiis et regressis (sic)
earum propter remedium animarum nostrarum. Et in tali
conventu ut dum vivit Guillelmus filius Salamoni supra scripti,
teneat et possideat, et donet de ipsa terra ipsum tercium, et de
vinea ipsam medietatem. Et P obitum obseruent. Si quis
hujus scripture temere scindere valuerit, non valeat superare

quod apetit, sed componat in duplo, et in autea ista carta firma persistat, omni tempore. Facta carta VIII. idus februarii anno XXX° regnante Rodberto rege.

Sclua I Abas †. S † ignum Salomon, qui ista carta scribere fecimus, et testes firmare rogavimus. S † ignum Guifredus. S † ignum Guillelmus. S † ignum Languardus [GAL] INDVS monachus qui scripsi et sub † die et anno quod supra.

(Archives départementales ; original, parchemin de Canigo. — (1) Signature autographe.)

3

1031. In nomine Sancte et individue Trinitatis. Guifredus prime sedis Narbonensis Archiepiscopus, et universa canueniens apud prefatam urbem sinodus : Scluano venerabili Abbati, atque suis in perpetuum successoribus unctis, et omnibus matris ecclesiæ universis. Quoniam idcirce divina gratia sua nos rectores constituit ecclesie, ut prelatio maicrum infirmitati sub veniat subditorum, æquum nobis est ea que sue partis [fuerint] adiunare, et ne cuilibet adversitati succumbant, totius viribus ejus auxilio sustentare. Tunc enim maxime credimus nobis diuinum adesse presidium, si rebus ad ipsum pertinentibus intulerimus pro posse subsidium. Ideoque nos omnes, simul in unum, secundum Venerabilis Pape Sergii priuilegium, et nostrorum constitutione predecessorum, confirmamus Beatissimi confessoris Christi Martini cenobium in Kanigoni montis altitudinibus a cultoribus divine religionis constructum et consecratum et ad serviendum Deo, secundum legem patris beatissimi Benedicti digne dispositum, ut quod cumque usque hodie iste inste et legaliter adquisiuit uel in perpetuum adquisierit in pace possideat et teneat, nec alicuius inquietudinis damna ex qualibet persona sustineat.

Hoc ante omnia sud dini judicii obtestatione et nostri ordinis

(1) Inventaire n° 14.

magna paruaque persona predictum cenobium cuilibet loco
audeat subiugare. Semper autem sit liberum, nulleque servi-
tuti alterius loci abnoxium. Sed sicut cetera monasteria regiis
preceptis apostolicis priuilegiis exaltata per se maneat subli-
matum. Deferat nero debitum honorem suo pontifici et proprie
sedi. Sicut tantum deferre precipiunt kanones sancti. Si quis
autem hec nostri concilii statuta parui pendere auxus fuerit,
hunc de parte Dei omnipotentis Patris et Filii et Spiritus
Sancti, et omnium celestium virtutum omniumque graduum
ecclesiastici ordinis et nostra, nisi resipuerit excommuni-
camus, et ab universorum fidelium cetu extarrem indicamus,
nostreque constitutionis preceptum propriis manibus confirmamus.

† Guifredus Sancte Prime Sedis Narbonensis Episcopus.
† Raimbaldus Archiepiscopus Arelatensis.
† Petrus Episcopus Gerundensis.
† Berengarius Episcopus Elnensis.
† Oliba Episcopus Ausonensis.
† Ermengaudus ac si indignus Episcopus Urgellensis.
† Armelius Episcopus Albiensis.
† Guifredus Episcopus Carcassonensis.
† Bernardus Episcopus Caseranensis.
† Stephanus Episcopus Biterrensis.
† Odombellus Episcopus Luteuensis.
† Stephanus Episcopus Agatensis.

(Item alio in tempore collecti in prefata urbe eodem modo
quam plures episcopi, hii qui necdum subscripseram libenter
annuerunt, ac propriis manibus propria nomina conscrip-
serunt).

† Fronterius Episcopus Nemansensis.
† Stephanus Episcopus Atensis.
† Guadallus Episcopus Barchinonensis.
† Bernardus Episcopus Comenensis.
† Arnallus Magalonensis Episcopus.
† Arnallus Episcopus Tolosanus.

✝ Meribaldus gratia Dei episcopus Urgellensis.

✝ Wuillemus Ausonensis Gratia Dei episcopus.

✝ Wilielmus episcopus Urgellensis.

✝ Raymundus gratia Dei episcopus Elnensis.

✝ Beringarius Episcopus Jerundensis.

(Archives départementales, Abbaye de Canigo ; copie sur parchemin qui parait être l'acte original ; autre copie du XIᵉ siècle dans un cahier en parchemin, publié par Guérard dans le cartulaire de Saint-Victor de Marseille, nᵒ 1062, tome II, p. 532, d'après un manuscrit qui parait être du XIIᵉ siècle, et conforme au texte de notre seconde copie, sauf quelques variantes insignifiantes. M. Guérard rapporte le document à l'an 1031 environ, et vers l'an 1032 pour la seconde série de signatures, ce qui n'est guère admissible pour quelques-unes et, entr'autres, pour celle de Raymond, évêque d'Elne. Il est évident qu'à partir de la signature de Fronterius, Evêque de Nîmes, les autres ont été apposées à diverses époques du XIᵉ siècle, ainsi qu'on le voit dans d'autres documents de cette espèce.)

SAINT-MARTIN DU CANIGOU

.... Au pieux ermitage de Saint-Martin le saint est représenté à cheval et couvert de sa cotte de maille, au moment où, le cœur brûlant de charité, il partage, avec son épée, son riche manteau, pour en couvrir un pauvre.

L'ermitage est plein comme un œuf ; vieillards, jeunes filles et jeunes gens sont là, invités à la fête par les allègres tintements de la cloche sonore ; on croit y voir entrer, avec la jeunesse, toutes les fleurs de ces montagnes et de ces vallées, accourues pour baiser les pieds du saint qui semble leur sourire.

C'est aujourd'hui le jour du pieux rendez-vous à l'ermitage : tous, bien endimanchés, y vont en pèlerinage : propriétaires et travailleurs, bergers et gentilshommes ; chacun d'eux a une faveur à demander à saint Martin qui, de bien bonne grâce, accorde aux villageois de bonnes récoltes.

— « Je veux rester auprès de lui sur cette montagne », s'écrie le comte de Cerdagne, d'un ton résolu.

— « Quant à moi, je veux faire ici même un monastère, pour y terminer mes jours dans la pénitence. Puisque je n'ai pas su pratiquer la science de la vie, laissez-moi apprendre ici le secret de mourir. »

Bientôt, mettant la main à l'œuvre pour la pieuse entreprise, les guerriers laissent l'épée pour prendre les outils du manœuvre, la lance pour la pioche, et l'on voit s'agiter à l'envi toute une armée de travailleurs sur le plateau où le beau Gentil repose sous une pierre dans son sommeil éternel.

Quand le soleil dore et égrène les épis, avez-vous vu, pendant l'été, les fourmis aller et venir en courant au milieu des blés ? L'une fait la provision, une autre l'emporte, celle-ci pousse la charge, celle-là la traine et amasse le grain après l'avoir dépouillé de son enveloppe.

SANT MARTI DE CANIGO

... al hermitatge devot de Sant Marti
lo Sant, desde 'l cavall, vestit de malla,
encès d'amor, d'un colp d'espasa talla,
per abrigar à un pobre, son ribetat mantell.

La hermita es com un ou atapahida
de vells, donzelles y minyons que hi crida
de la sonore esquella lo tritllejar festiu;
apar que hi entren d'aquells cims y planes
ab la jovent totes les flors boscanes,
sols per besar les plantes al sant que aqui 'l somriu.

Avuy s'escau l'aplech à l'hermitatge:
endiumenjats hi van en romiatge
pagesos y artigayres, pastors y cavallers,
y a Sant Marti quiscun un do demana,
un do que 'ls concedeix de bona gana,
als camps bones anyades.

— Jo ab ell me quedaré en esta montanya,
resolt exclama 'l comte de Cerdanya.
. . . .
Per acabar ma vida en penitencia
jo aci mateix vull fer un monestir;
puix no he sabut del viure la ciencia,
deixaume apendre aci la de morir. —

Posant les mans en la sagrada feyna
deixan la espasa los guerrers per l'eyna
del manobre, la llança pe 'l magall,
y en lo serrat ahont sota una llosa
en son eterna 'l bell Gentil reposa,
bellugueja l'exercit del treball.

En temps d'istiu: heu vistes les formigues,
quant daure 'l sol y esgrana les espigues,
anar, venir y correr pe'l rostoll?
l'una 'l gra abasta, l'altre se 'l carrega,
esta l'empeny, aquella l'arrosega
y s'atresera 'l gra y's llansa 'l boll

Ainsi font nos travailleurs : pendant que l'un mesure plus exactement la superficie du terrain en pente, un autre travaille à son nivellement ou creuse le fossé qui doit servir de lit aux fondations. Celui qui fait l'office de bûcheron abat des pins et des sapins, que le scieur équarrit ensuite ; le tailleur de pierres en fait autant pour le marbre et le granit.

Du côté du Midi, l'édifice a un de ses pieds de roche suspendu sur l'horrible précipice qui semble prêt à le dévorer, tandis que, tenant l'autre pied plus solidement appuyé sur le roc du côté opposé, il grandit et s'élève sur la montagne abrupte et escarpée, comme un enfant qui doit atteindre la taille d'un géant.

Le cloître voit bientôt une troupe légère de colonnes s'aligner comme à l'appel du clairon, et se couronner de grossiers chapiteaux, où s'étale et prend place, à la voix du sculpteur, tout un essaim d'oiseaux et d'animaux fantastiques au milieu de feuilles d'aloès et de palmier.

Au cloître est adossée l'église souterraine de la Vierge, dans un style des plus simples ; elle est sombre et sans fenêtre ; mais cet astre du ciel lui envoie sa lumière. Un peu plus tard, quand la flamme de la prière a éclairé et réchauffé ce sanctuaire, un autre temple vient s'asseoir au-dessus de celui-là, comme une statue d'or sur un piédestal d'argent.

De hardies colonnes de granit soutiennent sur leurs fronts les trois voûtes du temple, vieux symbole du grand mystère de la sainte Trinité. Mais en voyant l'église si pure et si belle, on lui donne un protecteur : c'est un clocher qui se dresse à côté, comme un géant veillant sur une jeune fille.

De proportions larges et massives, ce clocher, grâce à sa hauteur gigantesque, domine la montagne et les deux vallées; car il a été fait de plusieurs étages superposés. C'est à la fois un clocher et une tour de défense ; enfin, c'est un travail titanique de la terre pour se rapprocher un peu du paradis.

Aixi 'ls treballadors.: mentre un recana
la terra en desnivell, l'altre l'aplana
o dona un fosso als fonaments per llit ;
pins atera y abets lo llenyatayre
que 'l serrador quadreja, y fa 'l pedrayre
lo mateix ab lo marbre y lo granit.

De mitjdia en l'horrible precipici
penja son peu de pedra l'edifici
que fa glatir l'abisme devorant,
y ab l'altre ferm en roca mès segura,
creix y s'aixeca en la espladada altura,
noy que ha de fer creixença de gegant.

Com a un toch de clari tropa lleugera,
lo claustre ses columnes afilera,
coronantles de rustichs capitells,
hont a la veu del escultor se para,
entre fulles de palma y d'etzevara,
tot un aixam de feres y d'aucells.

Li fa costat soterriana y tosca
l'esglesia de la Verge ; es cega y fosca,
mes eix astre del cel li fa claror,
quant ja hi flameja la pregaria ardenta,
un altre temple al seu damunt s'assenta,
en peanya d'argent imatge d'or.

Granitiques columnes desinvoltes
damunt sos fronts aixecan sas tres voltes,
vell simbol de la excelsa Trinitat ;
tan virginal al veurela y tan bella,
com gegant per vetllar una donzella
un campanar se posa al seu costat.

Es ample y ferm, d'alçada gegantina,
les dues valls y'l comellar domina
y encare puja amunt, pis sobre pis.
Es un cloquer y un torreo de guerra,
es un esforç titanich de la terra
per acostarse un pas al paradis.

Les cellules, vraies cellules d'abeilles, de cette céleste ruche, sont belles quoique petites : la douceur et la joie en sont le miel ; et, ce miel, les vingt moines qui viennent habiter le monastère le puisent dans l'oraison et le saint tabernacle, dans les fleurs de la terre et dans les fleurs du ciel.

Ces fleurs, ils les sèment sur les cordes de leur psaltérion et en entourent leur couvent ; en sortant du temple, l'encens et la lavande mêlent leur parfum, qui montent en une seule nuée jusqu'à l'autel majestueux des monts et des astres.

Au milieu de ce chaos de rocs bouleversés, et penché sur l'embouchure béante de l'abîme, s'élève le monastère, semblable à un spectre, ou plutôt à une fleur semée là par le tourbillon, et que les siècles verront en pleine floraison pour le ciel, si le ciel lui envoie sa fécondante rosée.

Guifre, voyant son œuvre achevée, la contemple, ainsi qu'un poète admirant sa plus belle inspiration, qui, couronnée et étincelante de lumière, vole d'une terre à l'autre, et vient se poser, en brillante auréole d'étoiles, sur le front de son auteur.

Qu'êtes-vous donc devenues, magnifiques abbayes de Marcevol, de Serrabone et de Saint-Michel ? Et toi, vieux Saint-Martin, qui, en même temps que tu peuplais la terre d'anges et le ciel de bienheureux, remplissais ces vallées de psaumes et de mélodies, qu'es-tu devenu ?

Répondez, vallées, qu'avez-vous fait de cette sainte retraite, qui fut une école de l'amour de Jésus-Christ ? Pieuse solitude où ont fui les échos de tes hymnes d'autrefois ? Où retrouver ces longues files de moines rangés dans tes stalles, chœur abbatial aujourd'hui triste comme un corps sans âme ?

Les celdes, verament celdes d'abelles,
son en est rusch divi xiques y belles,
lo goig y la dolsura 'n son la mel;
los vint monjos que pujan a habitarhi
de l'oracio la trauhen y'l sagrari,
de les flors de la terra y les del cel.

Sembrantne per les cordes del salteri
coronan de jardi llur asceteri
y, eixint de la basilica, l'encens
s'aplega del espigol ab l'aroma
y pujan, fent una mateixa broma,
dels monts y 'ls astres al altar inmens.

En mitj d'eix caos de revolta roca,
com un espectre, en la mateixa boca
del abisme, s'aixeca 'l monestir:
es una flor pe'l terboli sembrada,
que, si l'abeura 'l cel ab sa rosada,
per ell los segles la veuran florir.

Contempla Guifre la seva obra feta
com sa més belle inspiracio un poeta,
coronada de llum y resplandor,
de poble en poble quant pe'ls ayres vola,
estrella de clarissima aureola
que's posara en lo front de son autor.

¿ Donchs que 'us heu fet, superbes abadies,
Marcevol, Serrabona y San Miquel,
y tu, décrépit San Marti, que umplias
aqueixes valls de salms y melodies,
La terra d'angels y de sants lo cel ?

¿ Donchs que n'heu fet, ó valls, del asceteri,
escola del amor de Jesu-Crist ?
¿ hont es, ó soledat, lo teu salteri ?
¿ hont tes rengles de monjos, presbiteri,
que com un cos sens anima estas trist ?

C'est en vain qu'on cherche une trace des anciens autels romans. Rien ne subsiste du cloître byzantin. Pas une des statues d'albâtre n'est restée debout, et la lampe de l'antique sanctuaire s'est éteinte comme un astre dont l'éclat ne doit jamais plus resplendir, hélas ! sur le Canigou !...

Semblable à un géant d'une légion sainte, seul est encore debout le clocher
. . . .
. . . . Sentinelle colossale que l'éternité a placée sur les limites du Conflent.

. . . .
. . . . Il comptait neuf cents ans d'existence . . . .
. . . . ce nouveau Mathusalem . . . .
. . . .

Sa voix sonore, douce ou terrible, imitait le son mâle du clairon ou le grondement de la tempête.

Je n'ai plus de cloches...
Oh ! n'y aura-t-il personne pour me les rendre un jour ? (1)

J. TOLRA DE BORDAS,
Prélat de la Maison de Sa Sainteté,
Traducteur.

Saint Martin à un pauvre a donné
La moitié de son manteau :
L'autre moitié on la lui prit
A la montagne qui domine le Vernet.
Et maintenant il a froid (2).

(Poésies posthumes de Jacinto VERDAGUER)

---

(1) Par ce qui est dit dans le dernier paragraphe de l'introduction de cette histoire, le clocher de Saint-Martin peut espérer que ses cloches lui seront bientôt rendues et que leurs voix sonores retentiront dans les vallées du Canigou.

(2) Mgr de Carsalade du Pont dont les faits et gestes rappellent les faits et gestes des évêques du moyen-âge, se prépare à rendre à Saint-Martin la moitié du manteau qu'on lui prit à la montagne de Vernet.

Dels romanichs altars no'n queda rastre,
del claustre bizanti no'n queda res ;
caygueren les imatges d'alabastre
y s'apaga sa llantia com un astre
que en Canigo no s'encendra may mès.

Com un gegant de una legio sagrada
sol hi ha encara dret lo campanar
. . . .
. . . . Formidable centinelle
que en lo Conflent posa l'éternitat.

. . . .
        Tenia nou cents anys de vida
        nou Matusalem
. . . .
. . . . ab sa sonora veu dolsa o feresta
estrefeya 'l clari o la tempestat.

campanes ja no tinch. . . . .
Oh ! qui pogués tornarmeles un dia !

                  (Jacinto Verdaguer, *Canigo*.)

Sant Marti à un pobret ha donat
De son mantell la meytat :
L'altre meytat li prengueren
Montanya amunt del Vernet.
       Y ara té fret...

LÉGENDE

SUR

SAINT-ANDRÉ D'EXALADA

LÉGENDE

SUR

SAINT-ANDRÉ D'EXALADA

I

Dans le temps que Charles Martel, plus grandi que jamais par la victoire de Poitiers, tenait en tutelle la couronne de France, Ogier de Bavière (1) fut nommé gouverneur de l'Aquitaine, par le tout puissant Maire du Palais. Catalon était son château ducal et neuf barons formaient sa cour, neuf compagnons fidèles, dignes en tout point de guerroyer sous ses ordres, à cette avant-garde périlleuse de la Gothie toujours menacée par le cimeterre de l'Islam. Ils s'appelaient Moncada, Pinos, Mataplana, Cervera, Cervello, Allemany, Anglezola, Ribellas et Eril.

Cependant la défensive pesait au tempérament ardent de ces illustres preux. Depuis qu'ils avaient vu, dans les plaines du Poitou, le Croissant reculer et fuir devant la Croix, l'envie les brûlait au cœur

(1) D'après Pujades, ch. xiv, ce héros légendaire ne diffère point d'Ogier le Danois, que la Chanson de Roland nous montre à la tête des barons de Bavière (v. 3028 et suiv.) dans l'armée de Charlemagne, et qui remplit de ses exploits tout un cycle de nos vieilles épopées françaises.

de le poursuivre par delà les monts, et d'aller
briser le joug dont gémissaient leurs frères voisins,
les chrétiens d'Espagne.

Ceux-ci, d'ailleurs, les appelaient de tous leurs
vœux et leur promettaient main-forte. Grand nombre de ces malheureux Goths, fuyant la persécu-
tion et la honte, étaient venus se réfugier en Aquitaine, à l'abri de l'épée du Duc, et ils joignaient
leurs prières instantes à l'appel de leurs compatriotes, s'engageant à leur tour à marcher au premier rang contre l'oppresseur.

Ogier et les neuf barons ne contenaient plus
leur impatience, lorsque Pépin, fils et successeur
de Charles, leur transmit de la cour un ordre royal
qui leur enjoignait de convoquer le ban et l'arrière-
ban et de marcher *sus* au Sarrasin d'Espagne.

Plus heureuse nouvelle ne pouvait arriver au
château ducal. Il y eut ce jour-là grande liesse à
Catalon. Bientôt l'on vit vingt-cinq mille guerriers,
divisés en trois échelles, chevaucher vers les
Pyrénées.

Moncada, Pinos et Mataplana marchaient en tête
de la première qui formait l'avant-garde ; Cervera,
Cervello et Allemany se trouvaient au centre, en
tête de la seconde ; Anglezola, Ribellas et Eril
fermaient la marche avec l'arrière-garde (1). « Le
seigneur Dieu nous soit en aide, criaient-ils, (2) ;
Chrétiens ont droit, païens ont tort (3) ; Dieu nous

(1) Chanson de Roland, v. 711 et suiv.
(2) *Ibid.,* v. 3359.
(3) *Ibid.,* v. 1015.

envoie exécuter son jugement (1); Dieu le veut! (2) »

C'est ainsi qu'ils partirent, ces glorieux précurseurs de Charlemagne et des douze Pairs. Croisés avant la croisade, ils ouvrirent les premiers la voie aux Godefroy et aux Tancrède de l'avenir, et en dirigeant leurs coups sur l'avant-poste du Mahométisme en Europe, ils préparèrent de loin et ils rendirent possibles ces entreprises plus vastes où, trois siècles après, l'on vit la chrétienté, soulevée en masse par le souffle de la Foi, se précipiter au-delà des mers, porter la guerre sainte en Orient, au sein même de l'empire de l'Infidélité, et après avoir délivré les enfants du Christ, travailler à délivrer le Christ lui-même et son tombeau.

II

Mais hautes sont les montagnes, ténébreuses les vallées ; la roche est bise, et les défilés sont terribles. Les français y passèrent, non sans grande douleur. A quinze lieues de là le bruit s'en répandit (3).

Ce fut, en effet, une formidable apparition que celle du duc Ogier, entouré des neuf barons et de leurs trois colonnes étincelantes d'acier sur la cime des monts qui séparent le val d'Aran du pays de Pallars. Ogier n'était pas un inconnu pour les fils .

(1) Chanson de Roland, v. 3368.
(2) *Ibid.*, v. 3625.
(3) *Ibid.*, v. 814 et suiv.

d'Ismaël, et l'on savait que nul mieux que lui ne pourfendait, sur le pré, cheval et cavalier.

Ils osèrent pourtant lui présenter la bataille à la descente de la montagne ; mais l'avalanche de fer qui s'était abattue sur le Pallars du haut des Pyrénées emporta leurs bataillons comme une paille, et le château-fort de Valence, où se retirèrent les débris de l'armée vaincue, ne tarda pas lui-même à capituler. Ogier y plaça une garnison chrétienne et s'avança dans les gorges d'Urgell. Les Sarrasins essayèrent de lui en barrer la route, et leurs efforts furent assez désespérés pour que la marche victorieuse des barons se trouvât ralentie.

Néanmoins l'héroïque troupe put enfin forcer le passage, occuper les forteresses qui le commandaient, et grâce au soulèvement des montagnards chrétiens, empressés à courir au-devant de leurs libérateurs, affermir la conquête et organiser l'occupation.

L'Andorre, la Cerdagne et le Capcir virent de même, l'un après l'autre, le Sarrasin disputer pied à pied nos plateaux et nos montagnes aux barons de la douce France, reculer lentement et finir par disparaître à jamais.

Mais avant que le dernier des Maures eut foulé pour la dernière fois de son pied ce sol chrétien, dix années environ s'étaient écoulées, dix longues années, durant lesquelles Catalon ne revit pas la barbe fleurie de son noble châtelain.

Avec la conquête de la Cerdagne, la ligne de la retraite des Francs se trouvait assurée. Ils purent, dès lors, en toute sécurité descendre la vallée du Conflent, et se montrer dans les plaines du Roussillon, ces belles et riches plaines devenues le chemin de passage des Sarrasins d'Espagne, des Sarrasins de Narbonne, incessamment battues, impitoyablement saccagées, solitude désolée couverte de ruines et de buissons.

Les Pyrénées furent aussitôt franchies, et l'armée du Christ déboucha dans l'Ampourdan. Sur le chemin de Gérone, Empories élevait ses remparts; force fut d'y mettre le siège. L'épreuve hélas ! une épreuve suprême y attendait nos barons. L'investissement commençait en automne, et avant que l'hiver touchât à sa fin, une maladie mortelle saisissait l'illustre chef de l'expédition; bientôt la tête d'Ogier s'inclinait sur son bras, et mains jointes, il allait à sa fin ; les anges emportaient son âme au Paradis (1).

Privée du conseil et de l'épée du noble et sage duc, décimée par dix ans de guerre et de souffrances, perdue en plein pays infidèle, menacée de plus, par la prochaine arrivée d'une armée musulmane qui venait au secours de la place assiégée, la troupe héroïque se vit dans la triste nécessité de lever le siège et de se replier vers les Pyrénées. Moncada le vaillant, dapifer (ou sénéchal) d'Ogier de Catalon, prit le commandement, et la retraite s'effectua en bon ordre, gravement, tristement, comme une marche funèbre à l'entour d'un cercueil. Il suivit, en effet, ses fidèles dans leur

____
(1) Chanson de Roland, v. 2391 et suiv.

retour vers la patrie, le beau duc qui, depuis dix
ans ne les avait pas un instant quittés. Deux fois
sacrée, sa noble dépouille de capitaine et de
chrétien ne pouvait être par eux abandonnée sur
une terre étrangère et païenne. Ce n'eût pas été de
la bonne Chevalerie.

III

Quelques années encore, et à l'autre extrémité
des Pyrénées, dans le val de Roncevaux, un autre
baron de France tombera sous les coups des Sarrasins, et lorsque l'Empereur, revenant pour le
venger, aura vu gisant sur l'herbe verte le corps de
son neveu Roland, il commandera de le mettre à
part et de le garder avec ceux d'Olivier (1) et de
l'Archevêque Turpin (2).

Puis, chante le Trouvère, « on prit les corps des
Barons; en trois cuirs de cerfs on les enferma (3) ;
bien on les lava de piment (4) et de vin ; sur trois
charrettes, dit Charles, conduisez-les par le chemin.»

« Et bien on les couvrit d'un drap de soie de
Glaza. Puis, avec tous ses hommes, Charles
remonta à cheval ; puis il vint à Bordeaux, la cité
de *valur*... Jusqu'à Blaye (5) il conduisit son neveu,

(1) L'un des douze Pairs de Charlemagne, célèbre dans les romans de
chevalerie. (Dict. Larousse.)
(2) Archevêque de Reims. Il est célèbre dans les anciens romans de
chevalerie. (Dict. Larousse.)
(3) Chanson de Roland, v. 2962 et suiv.
(4) Plante à semence poivrée.
(5) Chef-lieu d'arrondissement de la Gironde.

et Olivier son noble compagnon, et l'Archevèque
qui fut sage et preux. En de blancs tombeaux il fit
mettre les seigneurs, à Saint-Romain : là gisent les
barons, et les Francs les recommandèrent à Dieu
et à ses saints noms (1). »

IV

En Roussillon, il n'y avait plus de cité de *valut*,
de Bordeaux ni de Blaye, pouvant ouvrir ses portes et ses sanctuaires au Duc, mort pour la France
et pour le Christ.

Mais Dieu, « le Glorieux du Ciel » n'en avait pas
moins pourvu d'avance au tombeau de son féal
soldat : un moûtier (2) l'attendait, qui semblait
n'avoir été bâti que pour recueillir sa précieuse
relique.

Vers les pieds des *Serras* abruptes qui, à quelques milles d'Olette (3) redressent brusquement les
derniers étages de la longue vallée du Conflent, et
par pentes rapides les haussent au niveau supérieur
du plateau de Forcats, le voyageur qui remonte le
cours de la Tet, se heurte tout-à-coup à un rempart
rocheux, jeté en travers du défilé comme pour lui
barrer le chemin. Seule, jusque dans ces derniers
temps, la rivière torrentueuse, usant par le frotte-
ment séculaire de ses eaux bondissantes et continues

(1) Chanson de Roland, v. 3679 et suiv.
(2) Monastère.
(3) Canton des Pyrénées-Orientales.

le dur rocher obstructeur, avait su se frayer dans
la masse granitique un passage vainement disputé,
« seule, elle avait forcé le passage ». Moins puissant que les eaux, l'homme s'était résigné à tourner
un obstacle qu'il ne pouvait renverser et qu'il ne
savait pas encore percer ; et aux approches de cet
endroit, il avait, dès les temps les plus reculés, fait
dévier la route vers les hauteurs de Canavellas (1).

Au-delà du rempart gigantesque, la vallée, un
instant interrompue, recommence, mais plus silencieuse et plus profonde, plus fraîche et plus sauvage, avec un horizon sensiblement élargi qui
permet à l'œil d'errer avec moins de contrainte sur
le bleu firmament. Ce tronçon de gorge s'appelait
jadis la vall d'Engara, ou vallée de la flamme (2) ;
la déclivité de la montagne portait le nom expressif,
presque effrayant, d'Exalada, un éboulement (3) ;
aujourd'hui ce sont les Graüs (4).

(1) Village du canton d'Olette.

(2) Cette dénomination semble trouver son explication naturelle dans la
fumée qui s'échappe sur tant de points différents de la vallée, des sources
d'eau thermale qu'elle recèle. Cela prouverait que les sources des Graüs
étaient déjà connues dans ces siècles reculés. — C'est dans la *Marca
hisp.*, tit. xix, qu'on trouve que la Vall d'Engara veut dire vallée de la
flamme. D'après Cénac Vincent, Engara signifie aussi flamme, en langue
Basque. Or, on sait que le Basque est le débris le plus authentique de la
langue Ibérienne que parlaient nos premiers ancêtres.

(3) Exalada signifie réellement, d'après M. P. Puiggari dont la compé-
tence en grammaire catalane est si grande, éboulement, précipice. — On
retrouve ce mot avec ce même sens dans un cap-breu de 1388, existant
aux archives de la sacristie de Corneilla. — Alart, dans son Cartulaire des
archives de Conflent, donne également au mot exalada le sens d'éboulement, précipice. Anglade, dans son traité des eaux minérales, ii, p. 340,
Pujade, liv. viii, ch. xii, ont faussé la signification du mot exalada, en
le faisant dériver *d'exhalare*, étymologie qui, rapprochée des vapeurs
aqueuses qu'on voit s'exhaler des sources thermales si nombreuses dans
cette vallée, leur paraissait la plus naturelle et la plus logique.

(4) De *gradus*, gradin ou marche. Ce nom se serait appliqué à la section

Quel site pour des pénitents morts aux plaisirs et aux intérêts du monde, pour des contemplatifs avides de la seule vision du Ciel, pour des moines voués au défrichement du désert et aux paisibles occupations pastorales, pour des hospitaliers enfin, dans les temps où les routes n'offraient qu'une demi sécurité !

V

Or, raconte la chronique, sous le règne de Childéric, Pépin étant Maire du Palais, on vit un jour descendre au fond de cette gorge sept prêtres et quelques laïcs, venant d'Urgell, et en quête d'une solitude, où ils pussent vaquer en toute liberté à la grande affaire du salut. Le lieu fut trouvé à leur convenance ; et, se mettant à l'œuvre aussitôt, ils édifièrent sur l'escarpement de la berge une église et quelques cellules ; et, après avoir dédié le nouveau monastère à l'apôtre Saint-André, ils y firent

de la vieille route qui, jadis, rejoignait à l'occident le bord de la Tet par une espèce d'escalier pavé, divisé en gradins.

A droite de la descente appelée Los Graüs, vieille route, on aperçoit encore quelques restes de constructions anciennes : partie d'une muraille et de la voûte d'une petite église, ainsi que l'enceinte peu étendue d'un édifice qui parait avoir été de forme carrée. — Ce sont, dit-on, les ruines de l'ancienne Abbaye de Saint-André d'Exalada.

M. Companyo ne peut le croire pour des raisons parfaitement fondées. D'après lui, et nous sommes de son avis, ce sont là les ruines du Vilar et de l'église de Saint-Pierre d'Exalada, dont il est parlé dans deux documents du Xe et du XIe siècle, *Villare quod vocant Exalada* (962) v. Marca, n° 97. — *Allodem Exalatam cum Sancti Petri Ecclesiæ* (1012) v. Marca, n° 164. — Ce Vilar dut se constituer autour d'une Celle de Saint-Pierre que les moines de Saint-André semblent avoir fondée, avant l'époque de l'inondation, dans le voisinage immédiat de l'Abbaye (Marca).

profession de la vie monastique sous la règle de Saint-Benoît.

Il ne tarda pas à s'exhaler de ce recoin de montagne un suave parfum de sainteté ; et bientôt, avec la vénération des fidèles, les donations pieuses affluèrent, et au bout de peu de temps, la jeune fondation se trouva élevée à un degré inespéré de prospérité. Notre marche, en deçà des monts, ne possédait point d'autre monastère ; Saint-André d'Exalada fut le premier plant fixé dans notre sol de ce bel arbre monastique qui, moins de deux siècles plus tard, devait ombrager de ses rameaux le haut et le bas Conflent, le Roussillon et le Vallespir. Comment ce premier-né n'aurait-il pas incliné sur son berceau et doucement captivé les amours de nos religieux ancêtres :

C'est vers Saint-André aussi qu'après la levée du siège d'Empories, on vit s'acheminer la procession funèbre des neuf Barons et des vingt mille Preux, escortant le cercueil du duc Ogier Catalon.

L'auguste dépouille fut reçue avec respect et honneur par les fils de saint Benoît.

Ils donnèrent de par Dieu absoute et bénédiction, encens et myrrhe firent ensuite brûler. Et tous gaillardement encensèrent le corps. Puis, en grand honneur on l'enterra (1). Cependant moult grande était la douleur. Il n'y eut ni chevalier ni baron qui de pitié chaudement ne pleura.

Vingt mille tombèrent à terre pâmés (2).

(1) Chanson de Roland, v. 2957 et suiv.
(2) *Ibid.*, v. 2416 et suiv.

Nous devons tristement ajouter avec la chanson :
Et puis on le laissa : qu'en aurait-on fait ? (1).

Ce ne fut pas néanmoins sans avoir gravé sur la
pierre en vers léoniens la mémoire des gestes
héroïques d'Ogier. Son épitaphe disait :

> *Ducis Otogeri, Crucis Christi amici veri,*
> *Subtùs in hâc fossâ, quiescunt corpus et ossa.*
> *Proles Theodberti, Bavari Martis experti,*
> *Fuit, et in vita eum timuit Ismaelita.*
> *Ob causam legis Dei, tum jussu Regis*
> *Arma ferens sæva, stipatus magna Caterva*
> *Sodalium, benè transivit juga Pyrennæ,*
> *Post Aquitaniam, quærendo terram Hispanam.*
> *Gerendo bellum, tutavit Pallas, Urgellum*
> *Cererisque pagum, Rossilionis et agrum.*
> *Vitam ad Emporiam reliquit, atque memoriam,*
> *Quam heroes duxere hùc novem turmæ quæque*
> *plauxere.*
> *Marcha jam tota plorat, oratque devota,*
> *Ut sacrum munus det ei Trinus et Unus.*
> *Amen* (2).

« Du duc Ogier, fidèle ami de la Croix du
Christ, sous cette pierre reposent le corps et les
ossements. Issu de Théodebert de Bavière, homme
de guerre éprouvé, durant sa vie l'Ismaélite le
redouta. Pour la cause de Dieu, et aussi sur

___

(1) Chanson de Roland, v. 2961.
(2) D'après Pujade, liv. VII et XXIV, *los versos de l'epitafio se conser-*
varen en algunos libros del monasterio de Santa Maria de Poblet. Et
de plus. Quedando sa copia entre las escrituras que en Coxan se par
conservado, y par Fr. Martin publicado.

l'ordre du roi, il guerroya terriblement, et escorté d'une nombreuse troupe de compagnons, il franchit les cimes des Pyrénées, passant d'Aquitaine en la terre d'Espagne. Les armes à la main il délivra Pallars, Urgell et le pays de Cerdagne et les champs du Roussillon.

« A Empories il perdit la vie, et sa mémoire ici, par les héros qui l'apportèrent et par les bataillons fut pleurée.

« La Marche entière aussi le pleure, et dévotement elle prie le Dieu *Trine* et *Un* de lui donner la sacrée récompense. *Amen.* »

La Marche entière le pleura ; était-ce assez pour une aussi grande mémoire ; nos pères avaient le cœur trop haut pour le penser....

Les peuples chrétiens de la Marche espagnole, déshérités du corps de leur libérateur, tinrent à honneur de garder du moins son nom ; et ce nom désormais immortel, étendant sa pacifique conquête jusqu'aux bouches de l'Ebre, on vit non seulement l'Ampourdan et le Roussillon, la Cerdagne et le Pallars, théâtre des victoires et du sacrifice d'Ogier Catalon, mais encore la Tarraconaise entière, côte et montagne, où sa généreuse ambition avait rêvé de porter la délivrance, *l'arborer à l'envi comme un drapeau commun,* et se l'approprier indivis comme on fait d'un patrimoine sacré et inaliénable.

Toutes unies dans un même sentiment de reconnaissance, en dépit de la barrière Pyrénéenne qui les scindait en deux fractions séparées, les provin-

ces de la Marche Espagnole et celles de la Marche
Française, s'appelèrent et ne voulurent plus s'appe-
ler que du nom de Catalogne.

VI

Telle est, en résumé, la Geste d'Ogier, duc
d'Aquitaine, telle la place qu'y occupe l'humble
sanctuaire de Saint-André. Il ne pouvait, en vérité,
se lever dans le ciel d'Exalada, sur le berceau
du monastère naissant, une aurore plus radieuse
et plus belle. Pourquoi faut-il que cette brillante
clarté ne soit qu'un mirage fantatisque du jour doré
de la Légende ? Nous nous serions reproché toutefois de ne pas l'évoquer, non seulement parce
qu'il en rejaillit un effet de gloire sur l'Abbaye de
Saint-Michel de Cuxa dont nous avons fait l'histoire et qui est sortie elle-même des ruines de
l'Abbaye de Saint-André, mais encore parce que
dans l'histoire si éphémère et si calamiteuse de
celle-ci, ce souvenir héroïque nous semble faire
agréablement compensation à l'humilité et aux
épreuves de sa destinée. ·
De tout temps, on le sait, un des privilèges de
l'infortune, surtout lorsqu'elle fond avec violence
sur un innocent, a été d'inspirer la muse des poètes;
et la légende, qu'est-ce autre chose que la poésie
couvant lentement dans l'âme d'un peuple, et s'en
dégageant occasionnellement, sous forme d'érup-

tion par la bouche ou par la plume d'hommes inconnus, que les circonstances lui ont donnés pour interprètes, et parfois interprètes de génie ?

Rien d'étonnant aussi que de vieilles chroniques et des contes apocryphes se soient plu, dans des siècles de foi naïve, à embellir d'une auréole imaginaire le berceau et la tombe, si proches l'une de l'autre, de Saint-André d'Exalada ; et nous hésitons à admettre avec le savant Marca que notre légende ait été composée de toutes pièces, il y a quatre cents ans, par un chroniqueur espagnol.

D. Antonio de Bofarull partage tout à fait l'opinion de Marca (1).

Il nous paraît plus rationnel que, comme toutes les légendes de Chevalerie, elle remontât plus avant que le XVe siècle, et nous pensons que le germe s'en trouvait déjà dans des Cantilènes, romances ou chansons répandues parmi le peuple de Catalogne, et fredonnées le soir à la veillée par la bonne grand-mère à ses petits-enfants.

Plaise à Dieu qu'un Catalaniste heureux surprenne un jour sur les lèvres de quelque montagnard les vestiges, peut-être encore existants, de ce chant populaire, ou mette la main sur quelqu'une de ces vieilles Chroniques de Catalogne et d'Aragon, dont Marquilles invoquait l'autorité.

---

(1) Mossen Pere Tomich, *Historias et Conquestas*, ecl. (vers 1479). Pujade démontre assez bien que la légende était connue avant Thomich (ch. xv). D. Antonio de Bofarull démontre mieux encore que c'est grâce à des erreurs de chronologie que Pujade a réussi à prouver cette antériorité de la légende (*Hist. critic. civile et religieuse de Catalogne*, t. II, ch. II).

Ce romancero espagnol enrichirait ce jour-là son écrin d'une perle nouvelle, et notre Roussillon, devenu trop oublieux de ses traditions et des monuments de sa gloire passée, se prendrait à les aimer et à en cultiver le souvenir.

Mais après la Légende, l'Histoire.

HISTOIRE

DE

SAINT-ANDRÉ D'EXALADA

HISTOIRE

DE L'ABBAYE ROYALE
DE
SAINT-ANDRÉ D'EXALADA

CHAPITRE PREMIER

En cherchant la date vraie de l'origine de l'Abbaye de Saint-André d'Exalada dont l'existence remonte si haut, après avoir sérieusement consulté les documents si variés qui lui sont relatifs, il semble tout d'abord qu'une nuit impénétrable l'enveloppe ; et on est alors porté à croire que ce serait peut-être, comme certains l'ont dit, à la faveur de cette nuit que de filiales et jalouses ambitions auraient jadis tenté de lui créer une antiquité chimérique, de la faire remonter à Pépin et à Childéric, de falsifier même des chartes de Charles-le-Chauve pour les attribuer à Charlemagne — et d'associer ainsi son berceau à la grandeur du plus grand nom de l'Europe chrétienne.

En réalité, il n'en est pas ainsi, et on ne peut pas penser autrement lorsqu'on a sous la main des documents authentiques et qu'on marche avec eux à la suite d'auteurs se recommandant aussi bien par leur talent de chroniqueur consciencieux que par la réputation d'hommes intègres au point de vue historique — et d'un désintéressement absolu.

D'après nous, c'est en 745 que remonte l'origine du monastère de Saint-André d'Exalada, de cette Abbaye dont nous sommes heureux de retracer l'histoire, parce qu'elle a été le berceau de la royale et célèbre Abbaye de Saint-Michel de Cuxa.

Domenech, dans son histoire de *los Sanctos de Catalunia,* Yèpes, dans sa Chronique générale de *San Benito,* Pujade, dans sa Chronique universelle de *Catalunia* et bien d'autres auteurs de renom acceptent et défendent cette date.

Avant d'entrer dans l'exposé de cette histoire de Saint-André d'Exalada, si tristement célèbre à cause du grand malheur qui fondit sur elle et la détruisit de fond en comble, nous tenons à donner immédiatement les preuves sur lesquelles nous nous appuyons, avec les auteurs ci-dessus nommés, pour prouver la date exacte de son origine. Elle est prise à la fin du dernier roi des Mérovingiens, de Childéric III (745), époque où Pépin, Maire du Palais, fils de Charles-Martel, gouvernait la France en souverain.

Ce témoignage chronologique trouve sa véridicité dans un document en castillan que nous avons nous-même découvert dans les archives de la sacristie du vénérable chapitre de la cathédrale de la Seo d'Urgel. Voyez aux pièces justificatives, n° 1.

Ce document précieux, que nous disons authentique, parce qu'il porte une signature très respectable et qu'il est sorti d'un lieu où tout naturellement la vérité sur ce fait devait se conserver, est une relation écrite en castillan dont nous donnons fidèlement la traduction que voici :

« Le 13 du mois de septembre 745, sous le règne de Childéric III, roi de France, quelques prêtres accompagnés de quelques bons laïques, poussés par une inspiration divine, vinrent avec la permission de leur évêque, Wuisard, de la Seo d'Urgel, dans un lieu appelé Exalada, situé dans la vallée du Conflent, sur la rive de la Tet. Ils y bâtirent une église et un monastère en l'honneur et la gloire de Dieu Notre-Seigneur et de l'apôtre saint André. Ils firent cette fondation de leurs propres ressources. Une fois que le monastère fut terminé, il se peupla de religieux de l'Ordre de Saint-Benoît.

« En l'année de Notre-Seigneur Jésus-Christ 779, c'est-à-dire trente-quatre ans après sa fondation, survint une grande crue de la Tet qui détruisit l'abbaye jusqu'aux fondements. Presque tous les religieux périrent dans ce déluge d'eau. Et chose bien lamentable, c'est que l'Abbé lui-même fut du nombre des victimes. Heureusement encore que cinq moines échappèrent à cette ruine désolante. Accompagnés par Protase, ex-archidiacre d'Urgel, qui les affectionnait beaucoup, ils allèrent trouver le roi Charlemagne à qui ils racontèrent l'énorme désastre de la destruction complète de leur couvent.

« La durée de cette fondation a été de trente-quatre ans. Trois Abbés s'étaient succédé pendant cette courte période de temps : Commenbatus, Eldébert et Witiza.

« *Signé :* ANTOINE DE YÈPES,
« Chroniqueur général de l'Ordre de Saint-Benoît. »

(Archives del Cuerpo de Canonigos de la Catedral de la Seo d'Urgel.)

La signature du bénédictin Yèpes, chroniqueur général de l'Ordre de Saint-Benoît, placée à la fin du récit de cette relation lamentable, lui imprime un caractère d'autant plus certain d'authenticité, que l'homme qui l'a donnée est d'une grande valeur intellectuelle et d'une impartialité universellement connue. Sa grande perspicacité et sa profession de chroniqueur consciencieux se seraient incontestablement opposées à couvrir du sceau de la vérité un fait historique qui offrirait une date fausse et même douteuse.

Nous corroborons notre assertion d'une autre preuve qui porte aussi avec elle les marques les plus désirables d'authenticité; c'est une charte de Charlemagne. Elle est le récit fait par le grand Empereur lui-même de la fondation, en 745, de l'Abbaye de Saint-André ainsi que de la confirmation de tous les domaines acquis à ce monastère et de la sollicitation de l'appui moral et matériel de tous les évêques, abbés, comtes, viguiers, actionnaires et *Missi Domini* de la province de Catalogne en faveur du couvent d'Exalada.

Nous donnons le sens complet de cette pièce émanant du très illustre fils de Pépin.

On en lira le texte aux pièces justificatives, n° 2.

Charlemagne y parle, selon son habitude, avec l'accent de la foi la plus vive, au nom de la Sainte et indivisible Trinité dont il reconnaît et proclame la souveraine puissance.

« Que dès ce moment, dit-il, il soit à la connaissance de tous, que sept prêtres d'origine libre, Eldébert, Commenbatus, Witiza, Victor, Lucan, Guidefred, Reccesuvinde et Sanctiol, accompagnés de quelques bons laïques, tels que les nommés Attila, Baro, Leudomir et d'autres partirent de la ville d'Urgel avec la permission et la protection de leur évêque, Wuisard, pour aller se fixer sur un point de la vallée du Conflent, du nom d'Exalada, et situé non loin de la rivière de la Tet.

« Ils firent, avec leurs propres ressources et les libéralités de certaines personnes, l'acquisition de ce lieu, comme très propre à l'édification du monastère. Leur projet reçut bien vite son exécution.

« Ils prirent pour titulaire du couvent l'apôtre saint André; saint Jean et saint Thomas furent également choisis comme patrons secondaires.

« Cette Abbaye que Notre père Pépin avait entourée déjà de sa puissante protection par un commandement de sa part, se trouve située aux frontières de la Cerdagne, Notre province, et dans le diocèse d'Audésinde, évêque d'Elne, suffragant de l'archevêque de Narbonne, du nom de Frédal.

« Ces religieux ont demandé à Notre Excellence

de les protéger de Notre autorité personnelle et de faire jouir leur Abbaye de certaines franchises : ce à quoi Nous avons voulu volontiers consentir.

« En conséquence, Nous accordons ·pour le présent et l'avenir, aux religieux de l'Abbaye de Saint-André d'Exalada, Notre protection royale qui ne faillira pas dans la défense de leurs biens et de leurs personnes. Nous leur permettons d'acquérir des domaines là où ils voudront, sans que la juridiction de n'importe quelle église qui ne serait pas soumise à celle de l'Abbaye, puisse s'y opposer. Qu'aucun de Nos juges et sujets se garde jamais de les chasser de ce lieu, légitimement acquis, ni même de leur demander les motifs de la résidence et du droit de pâturage.

« Nous leur reconnaissons enfin le droit d'élection de l'Abbé, conformément aux statuts de la règle de Saint-Benoît. L'élu doit être tiré du sein de la congrégation ; et il n'est pas plus permis à l'évêque du lieu de l'Abbaye qu'aux évêques des autres diocèses de soulever à ce sujet la moindre difficulté. Nous défendons en outre à Nos seigneurs d'exiger aucune redevance pour les ordinations des religieux des ordres sacrés, ni aucun droit pour livrer les Saintes Huiles nécessaires à l'usage de l'Abbaye.

« Que toutes ces libertés et faveurs, accordées par Nous à l'Abbaye d'Exalada et à ses moines, soient perpétuelles, Nous le voulons ainsi, afin que ces bons religieux puissent tous prier pour la conservation de l'Eglise de Dieu, pour la stabilité de

Notre royaume, et pour que Dieu fasse miséricorde à Notre peuple.

« Telle est l'expression de Notre volonté que Nous authentiquons, avec la grâce de Dieu, pour le présent et l'avenir, en la revêtant, avec Notre propre main, de Notre seing et en donnant l'ordre d'y appliquer Notre anneau sigillaire ».

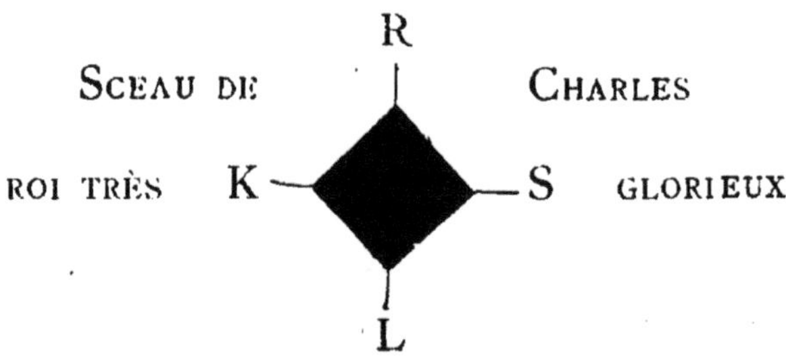

Adalgarius, notaire, a reconnu, à la place de Goslin, l'acte sus-dit, donné *féliciter* le 5e du mois d'août, au palais royal de Douzy, l'an 771. *Amen.*

(Place du seing)

« Sceau † de moi, Hyacinthe Vilar, par autorité apostolique et royale notaire public de la ville de Prades, en Conflent, diocèse d'Elne, et secrétaire de l'illustre chapitre de Saint-Michel de Cuxa, qui ai collationné et vérifié la sus-dite copie transcrite de son original en parchemin, lequel original n'était ni vicié, ni rayé, ni suspect dans aucune de ses parties, était enfoui dans les archives des écritures publiques du dit monastère.

« Notre prédécesseur, maître Onuphre Balaguer, notaire par autorité apostolique et royale, avait déjà collationné et vérifié cette copie. L'ayant Nous-même trouvée conforme à son original, Nous en faisons foi, après avoir été requis : 10 avril 1670, de la naissance de Notre Seigneur Jésus-Christ.

« Clausi, H. V. »

« Moi soussigné, Jean Félip et Balanda, par autorité royale notaire public de la ville de Prades, viguerie du Conflent, diocèse d'Elne, et secrétaire de toute la Juridiction de l'Abbaye de Saint-Michel de Cuxa, de l'Ordre de Saint-Benoit, j'ai vérifié et collationné la présente copie que j'ai trouvée conconder avec son original.

« A l'instance du très illustre et très révérend Dom Sauveur de Copons, Abbé du monastère de Saint-Michel, j'ai clos et apposé mon sceau ordinaire.   F. B.

10 Octobre 1740

« Reçu pour le salaire de la présente deux livres, treize sols et quatre deniers. 2^l 13s 4^d   « J. Félip. »

Cet acte couvert du sceau du premier magistrat du royaume et de la signature d'un notaire public, est évidemment authentique. Il devient pour notre assertion une preuve d'autant plus décisive que dans l'intervalle à peu près d'un siècle, trois différents notaires ont été requis à diverses époques : les deux premiers, Onuphre Balaguer et Hyacinthe Vilar par les très illustres Abbés Dom Pierre de Puigman y Funez en 1625, et Dom Louis de Caldes en 1670, et le troisième Jean Félip et Balanda par le très révérend Abbé Dom Sauveur de Copons, en 1740, pour ratifier la sus-dite copie, extraite de son original qui n'est ni vicié, ni rayé, ni suspect dans aucune de ses parties, et enfermé dans le Chartier des écritures publiques de l'Abbaye.

Ce nouveau témoignage démolit, il semble, toutes les opinions qui sont contraires à la date de 745, et par conséquent, à la fondation du monastère d'Exalada sous Childéric III.

Après tout cela, peut-on suspecter de mauvaise foi et accuser d'une jalouse ambition des hommes de Dieu, des hommes, laïques assermentés, capables d'avoir falsifié la date de la fondation du monastère dont il s'agit ? Penser ainsi, c'est, il semble, blesser les bienséances et mettre à la place d'une humilité accréditée et d'un désintéressement évident, un orgueil et une aberration chimériques.

Nous terminons nos preuves par une opinion très respectable, émanant d'un des évêques les plus éminents du siège d'Urgel.

Le digne prélat, prédécesseur de l'évêque Cassagnes, aujourd'hui Cardinal-Évêque de Barcelone, nous écrivait en effet dans une lettre de félicitations pour avoir publié l'*Histoire de la royale Abbaye de Saint-Michel de Cuxa,* qu'en réalité le monastère d'Exalada date de l'année 745.

On peut lire cette épitre dans l'histoire de Cuxa, pages 11 et 12. Elle est une attestation probante de la sus-dite fondation à l'époque de Childéric III.

CHAPITRE II

Nous venons de démontrer que c'est en 745, que le jour de l'histoire s'est levé sur cette colonie de moines, au nombre de sept, et nommés ci-dessus dans le diplôme de Charlemagne. Il avait. dû en coûter à l'évêque Wuisard que les documents contemporains nous dépeignent si zélé pour les intérêts de son église de se priver des services de sept collaborateurs aussi dignes ; mais la foi du Pontife faisant prédominer au-dessus de cet intérêt particulier la considération de l'appel divin, non-seulement il leur accorde toute permission, mais encore il voulut seconder leur généreuse entreprise, les honorer de sa haute et continuelle protection, en permettant, une ou deux années après, à son cher Archidiacre Protase de se retirer, avec trois de ses compagnons, dans le cloître d'Exalada et d'y vivre uniquement pour Dieu. Jusques avant l'arrivée de ce saint personnage, Saint-André ne pouvait pas avoir connu l'état de prospérité ; mais une fois ses portes s'ouvrirent à ce prêtre distingué, sa situation changea bientôt.

Le nouveau venu, en effet, était l'homme prédestiné qui devait successivement promouvoir sa modeste grandeur, et, après la plus épouvantable ruine, opérer son relèvement. Sa naissance, peut-être et sans nul doute ses éminentes qualités lui avaient valu l'honneur de l'Archidiaconat. Investi à ce titre d'une part de l'autorité épiscopale sur le clergé, il dut en user à la satisfaction de tous, si nous en jugeons par les sympathies dévouées qu'il sut éveiller autour de lui. Le mérite et la vertu ne constituaient pas son seul moyen d'influence ; il se trouvait encore par surcroît favorisé d'une magnifique fortune.

Dans le village de Taurinya, en Conflent, il ne possédait pas moins de quatre maisons et six granges avec jardins, douze vignes produisant en moyenne trois cents quinales de vin, sans parler des champs plantés d'arbres et des terrains en friche. A cette vaste propriété s'ajoutait tout auprès le Villar de Cuxa, petite agglomération d'habitations rurales au milieu d'une vallée charmante dont l'Archidiacre semble avoir tout spécialement affectionné le séjour.

On devine, en outre, tout ce que l'exploitation de ces domaines exigeait de troupeaux, de bêtes de travail, d'instruments aratoires et autres meubles rustiques. On peut de même présumer que la richesse mobilière à l'usage personnel d'un si riche propriétaire terrien, se trouvait en rapport avec ses revenus. Nous verrons, en effet, plus loin, dans son vestiaire privé, les blanches fourrures s'allier à la serge, les vêtements à poil frisé aux humbles capes ; dans son vestiaire ecclésiastique nous enregistrons des planètes et des étoles, des aubes et des ceintures ; et dans sa literie nous admirerons un somptueux étalage de laines et de soies, de peaux et de courtines, de coussins et de tapis.

Comme d'ordinaire le crédit et le renom marchent assez fidèlement ensemble avec la fortune, la dignité et la vertu, les possessions de l'opulent et pieux Archidiacre se trouvant en majeure partie dans le Conflent, ses visites devaient nécessairement s'y répéter et s'y prolonger, sa vertu par conséquent ayant l'occasion plus fréquente d'y répandre le parfum de l'édification et de la charité, il arriva que Protase n'était ni moins connu ni moins honoré dans le diocèse d'Elne que dans celui d'Urgel, et, en cela, on ne saurait trop admirer la conduite de la Providence qui préparait ainsi les voies à l'accomplissement de ses desseins futurs.

En ce temps-là Commenbatus tenait la houlette abbatiale. Avec quels sentiments de joie et d'actions de grâces, quelles douces larmes dans les yeux, l'Abbé dut-il accueillir la fervente caravane qui venait si opportunément infuser un sang vigoureux dans le corps languissant de la laborieuse fondation !

On raconte qu'au jour où saint Bernard se présenta à Cîteaux avec sa florissante recrue de trente gentilshommes, cette solitude austère, que la maladie avait décimée et dont la calomnie éloignait les vocations, éclata en cantiques de reconnaissance, et sembla avoir entendu cette parole du prophète : « Réjouissez-vous, stérile qui n'enfantiez pas, parce que l'abandonnée a plus d'enfants que la femme qui avait un époux, dit le Seigneur. » Un cri non moins triomphant dut retentir dans l'enceinte d'Exalada, à l'arrivée de nos quatre Urgelais, et sous leurs pas, que l'Ange du Seigneur dirigeait, la gorge sauvage dut aussi tressaillir d'allégresse et fleurir comme le lis au souffle du printemps.

La communauté claustrale néanmoins ne s'enrichit pas aussitôt des biens des quatre arrivants.

Bien que les vieux diplômes n'éclairent que d'un jour indécis les circonstances qui accompagnaient cet événement, il paraît que Protase et ses amis, retenus, disent-ils, par de justes appréhensions, se contentèrent de sortir du siècle, mais sans engager irrévocablement leur liberté et leurs propriétés dans les liens de la religion. Dans leur acheminement vers la vie parfaite ils firent halte au vestibule du sanctuaire et ce ne fut que plus tard qu'ils gravirent les marches de l'autel et s'y immolèrent pour jamais au Seigneur.

Quelles pouvaient être les raisons de cette demi résolution, assez inconciliable avec les dispositions primitives de la règle de Saint-Benoît, et avec la suite de la vie elle-même de Protase ?

Là-dessus, les documents sont absolument muets et ce serait nous aventurer témérairement que de chercher à pénétrer les motifs d'une telle conduite et de vouloir les juger, soit pour les blâmer, soit pour les approuver.

En attendant que l'obstacle, volontaire ou involontaire, qui s'opposait à la consommation de leur sacrifice, fut levé par les événements, Protase et ses amis se créèrent une condition intermédiaire entre les religieux profès et eux-mêmes, qui restaient simplement frères donnés ou Oblats, condition que plus tard le moyen-âge devait voir s'établir dans la plupart des monastères.

La formule de cette condition spéciale *d'appartenance,* du moins en ce qui regardait les biens temporels de nos Oblats, fut consignée dans un acte commun, rédigé de concert et par devant témoins.

La pièce est curieuse, et elle n'intéresse pas moins l'histoire sociale de notre Roussillon, à cette époque, que les annales religieuses de l'Abbaye de Saint-André.

Les *frères* commencent par se donner réciproquement l'usufruit de tous leurs biens, avec l'obligation de l'affecter à la communauté d'Exalada, à charge seulement pour celle-ci de leur fournir l'habitation et l'entretien. Ils ajoutent qu'à leur mort la communauté héritera de tous leurs droits de propriété, mais que, jusque-là, ils en font réserve expresse, pour le cas où ils seraient obligés de se retirer dans quelque autre monastère. Par une clause spéciale, Protase excepte, en outre de toute donation, son Villar de Cuxa et la somme de 146 sols, dont il déclare conserver la libre et entière jouissance, avec pouvoir, à sa mort, d'en disposer à son gré en faveur des pauvres ou autrement.

Dans un catalogue minutieux, les contractants détaillent ensuite les divers apports mobiliers et immobiliers. L'apport de Protase était le plus considérable. Entr'autres choses, qu'il serait trop long d'énumérer, il consistait dans un alleu de Taurinya avec toutes ses dépendances très importantes.

Toutefois, il excepta de son domaine de Cuxa, chose providentiellement remarquable, trois vignes.

Il en fit cadeau à un des trois prêtres, frère donné. Celui-ci les inscrivit dans sa donation, et par cette cession gratuite d'un modeste vignoble, gratuitement reçu, l'humble Oblat a eu l'honneur d'avoir mis Saint-André en possession de ce sol prédestiné de Cuxa où les destinées de la malheureuse Abbaye d'Exalada, un moment brisées par la plus affreuse catastrophe, devaient se transplanter, reprendre racine, grandir et s'épanouir plus magnifique que jamais. C'est ainsi que, sous le couvert d'une insignifiante stipulation contractuelle, la Providence préparait mystérieusement le salut quand la ruine ne menaçait pas encore, et députait sa bienfaisante miséricorde au-devant des coups de la justice.

Le même événement qui valut à nos moines ce soudain accroissement de leur fortune foncière, introduisit dans leurs murs tout un convoi de richesses mobilières.

La dotation des cinq Oblats embrassa les principaux services d'un grand établissement bénédictin: lingerie, vestiaire, sacristie, bibliothèque, écurie et basse-cour.

Du fait de Protase, la lingerie s'enrichit, entr'autres choses, de couvertures, soit en laine, soit en peau, soit même en soie, de coussins de soie,

de courtines, de nappes et de serviettes, de tapis
en laine. Le vestiaire se meubla de pelisses, de
capes et de manteaux capuchonnés au poil frisé,
de serges et de blanches fourrures, de souliers et
de sandales.

La sacristie fit acquisition d'aubes, de planètes
et de chasubles, d'étoles dites françaises et d'une
ceinture parée.

On sait de quel prix et de quelle rareté étaient
les livres manuscrits à cet âge reculé. Nos donateurs
firent une largesse inestimable au monastère
d'Exalada, en lui apportant vingt-sept livres.

Les écuries et la basse-cour, dans un monastère
voué à la culture et au défrichement des terres,
n'étaient pas le moins important des départements
réguliers. Il fallut sans doute en reconstruire de
nouveaux pour recevoir ne fût-ce qu'une partie de
la nombreuse population chevaline, bovine, ovine,
porcine et même canine, qui marchait à la suite
des oblats du monastère. Vrai butin matériel d'une
victoire toute spirituelle, que la Providence du Père
Céleste procurait par surcroît à ses serviteurs du
cloître. Le premier résultat immédiat de cette
augmentation notable tant du personnel que du
temporel de Saint-André, fut, à ce qu'il semble,
l'achèvement des bâtiments de l'Abbaye. C'était
nécessaire et ce fut possible. Il n'est pas probable
néanmoins que, malgré les ressources dont on
disposait à présent, les constructions complémen-
taires surpassassent les constructions primitives
en solidité et en beauté. Les unes et les autres

durent consister en de pauvres murs *clayonnage*, supportés par une base en maçonnerie, comme la plupart des bâtisses romaines de la Gaule et des abbayes de ce temps. Les archéologues ne s'expliquent guère autrement comment les Normands purent plus tard si facilement détruire et incendier ces pieux édifices ; et nous ne nous expliquerions pas davantage, en dehors de cette supposition, comment une crue de la Tet aurait pu emporter notre Abbaye, la raser jusqu'aux fondements avec une soudaineté et une rapidité incroyables.

Malgré leur modeste apparence, l'agrandissement des bâtiments fut tel que le monastère sembla avoir été reconstruit tout à neuf ; l'église, en particulier, dut subir un revirement général ; de nouveaux autels, peut-être même de nouvelles chapelles vinrent l'embellir.

Saint André, jusque-là l'unique titulaire se vit associer dans son patronage trois autres apôtres saint Pierre, saint Jean et saint Thomas. En un mot la transformation fut complète. Tous ces travaux s'opéraient sous l'abbatiat de Commenbatus, le premier Abbé d'Exalada. Ce zélé et si intelligent religieux termina sa carrière par la réception de deux conflentins qui revêtirent l'habit bénédictin. Ils nous sont connus par leur intéressante famille. Ils s'appelaient Concessus et Tractulf. Descendants d'un nommé Mascara, dont les fils possédaient un alleu, le villar ou hameau de Fulla, au temps de la domination arabe. Ce riche domaine situé dans une vallée fertile et comprenant des maisons, des jardins, des vignes et des champs, s'était intégralement transmis, de père en fils, jusqu'aux arrière-petits-enfants de Mascara qui le possédaient encore, à cette époque-là, par indivis. Ils étaient au nombre de quatorze. Parmi eux nous relevons les deux jeunes moines ci-dessus nommés, et trois prêtres. Un si généreux tribut payé à la cléricature et au cloître témoigne éloquemment que la foi et la piété régnaient en souveraines dans cette famille patriarcale.

Cédant à un noble mouvement de charité, les quatorze petits-fils de Mascara tombèrent unanimement d'accord pour se dépouiller en faveur de Saint-André de leur domaine de Fulla et de plusieurs autres propriétés dont quelques-unes à Exalada même. *Hi omnes fecerunt cartam donationes... de omnibus quæ videbantur habere in* omnia loca *vel territoria, domos, hortos, vineas et terras, sive et villare Panliano cum finibus suis.*

CHAPITRE III

Jeûner, prier, travailler, c'était déjà toute la vie du moine d'Exalada, lorsque Eldébert succéda à Commenbatus. La pauvreté inséparable de toute fondation naissante avait favorisé l'accomplissement du premier de ces trois devoirs monastiques; la prière trouvait dans le modeste sanctuaire qu'il avait dédié à l'apôtre saint André toutes les conditions de paix, de silence et de recueillement pour s'élever fervente et pure vers le Ciel; le travail seul jusque-là, faute de propriétés foncières, avait peut-être manqué de l'aliment nécessaire; mais, désormais, le champ d'activité de nos Bénédictins agriculteurs et pasteurs s'étant accru, le labeur physique viendra grandir à la fois la peine et le mérite de leur jeûne, activer, en le suspendant à propos, l'élan intérieur de leur prière, faire jaillir du sol, avec des revenus croissants, une source intarissable de charité qu'ils répandront en aumônes bienfaisantes dans le sein des pauvres, encourager enfin par l'exemple et surnaturaliser par le but qu'on leur verra poursuivre, le travail quotidien, si dur, si ingrat, matériellement si peu rémunérateur du paysan des villages et des hameaux voisins.

Mais les bienfaiteurs de Saint-André ne sortiront-ils que de la classe modeste? Les barons et les comtes ne se piqueront-ils pas d'honneur en se voyant devancer dans les hommages rendus au nouveau-né de la Vall d'Engara par des agriculteurs? Rien n'était commun cependant, au siècle de Charlemagne, comme de voir des monastères fondés, agrandis, dotés par de grands seigneurs. Tout autre fut la destinée d'Exalada. Les seigneurs vinrent à leur tour, mais après les petites gens, comme on avait vu venir, à la crèche, de l'Enfant-Dieu, d'abord les bergers des environs, et puis les rois de l'Orient.

Le premier de tous dont l'histoire ait enregistré

le nom, fut un comte de Razès, Béra II, petit-fils
du fameux Béra *al Traydor,* premier comte béné·
ficiaire de Barcelone et fondateur de l'Abbaye
d'Alet.

Entr'autres domaines territoriaux, ce dernier,
opulent baron, possédait dans le voisinage immédiat
d'Exalada même un immense alleu qu'il avait reçu
en patrimoine de ses parents. Son étendue embras-
sait, autant qu'il est possible d'en juger par les
documents, à peu près tout le territoire de Llar et
une partie de celui des trois villages ou hameaux
limitrophes, Ocenias, Canavellas et Entrevalls.
D'après l'usage abusif du temps, l'église même de
Saint-André de Llar était regardée par le puissant
seigneur comme part du tènement; et il prétendait
avoir droit de propriétaire sur les dépendances
foncières qui lui avaient été attribuées, jusque
sur les dîmes, les prémices et les oblations que
les fidèles du lieu y apportaient en tribut. A la
mort de Béra I, le domaine fut partagé entre ses
enfants.

Il est certain que le comte Béra II, son petit-fils,
au moment venu, posséda en propre la part sise
sur le territoire de Llar, et que Rostride, sa fille,
veuve du comte Alaric d'Empories, possédait le
reste.

Or, à cette même époque, Béra venait de recevoir
l'investiture du comté de Razès, laissé vacant par
la mort de son père, et ce fut peut-être cette circonstance qui lui inspira la pensée de faire une largesse
à notre monastère. Ce don de joyeux avènement

ne fut pas autre que l'alleu de Llar avec son église de Saint-André y compris les dîmes, les prémices et les oblations, ses revenus mobiliers et immobiliers. L'acte de cette donation stipule encore que prés et champs, côte et plaine, montagne et vallée, terres arrosables et non arrosables appartiendront en propre au Dieu tout-puissant et à l'apôtre saint André dont le monastère est situé dans la vallée d'Engara, au lieu appelé Exalada.

L'aumône du comte de Razès dut être reçue par les moines avec plus de reconnaissance encore que celle des petits-fils de Mascara. Un grave inconvénient demeurait attaché à cette dernière : l'éloignement du domaine ; tandis que la nouvelle acquisition touchait aux murs du monastère et présentait pour ce motif, tous les avantages d'une exploitation, facile à diriger et à surveiller, compatible surtout avec les prescriptions de la règle monastique, toujours menacées par le relâchement loin du foyer central qui est la communauté.

De ce chef par conséquent les revenus temporels et l'observance spirituelle tiraient un profit précieux de cet accroissement opportun du rondaire de l'Abbaye : et, de plus, par suite de l'adjonction d'une église rurale à l'alleu dont ils devenaient les seigneurs, les moines de Saint-André allaient pouvoir agrandir autour d'eux leur influence sanctifiante ; car, soit qu'ils préposassent au service de cette église un prêtre séculier soit qu'ils l'administrassent par eux-mêmes, les ouailles * qui en

dépendaient recevaient abondamment le secours
de leurs prières et le bienfait de leur zèle religieux.

Cette riche donation, si propre à favoriser le
progrès spirituel et matériel du monastère de
Saint-André, fut faite comme nous venons de le
dire à l'Abbé Eldébert, au nom de sa communauté.
Ce supérieur si digne était assisté en ce moment
par l'Oblat Protase qui servit non seulement de
témoin, mais encore de chancelier, car c'est lui
qui, de sa propre main, rédigea l'acte de cette
généreuse libéralité qui témoigne de la vénération
croissante que nos cénobites inspiraient aux puis-
sants de la contrée.

CHAPITRE IV

A Eldébert succéda Witiza, l'ami intime de Protase. Le prêtre urgelais devenu moine, avait promptement grandi dans la perfection monastique, et le
lustre de sa distinction native venant rehausser
encore l'éclat de ses vertus, il s'était trouvé comme
naturellement monté au premier rang, lorsque la
mort d'Eldébert rendit la charge d'Abbé vacante.

L'abbatiat de Witiza dura jusqu'à la ruine de
son monastère, c'est dire que des trois élus qui
l'administrèrent si sagement et si saintement il fut
le dernier à disparaître. Hélas ! quelle fin ! il fut
une des plus regrettables victimes de la terrible

inondation. Le vénérable supérieur Witiza ne cessa de donner de l'accroissement, aux deux points de vue spirituel et temporel, à son établissement monastique. Non seulement il trouva le moyen d'accroître le patrimoine d'Exalada, de le défendre contre d'injustes revendications, mais même il pensait à incorporer définitivement dans la communauté son ami Protase, encore attardé sur le seuil du cloître, et de mettre fin à cette situation mitoyenne dont l'honneur de l'ancien archidiacre et la discipline régulière devaient bien un peu souffrir.

Il n'est pas sans quelque intérêt de remarquer que le premier achat de terres qui figure dans les restes du cartulaire de Saint-André d'Exalada fut fait sous l'Abbé Witiza et en son nom. Bien qu'on ne puisse strictement rien déduire d'important de cette circonstance, on ne peut néanmoins s'empêcher d'y découvrir une preuve que l'aisance régnait de son temps dans le jeune monastère. Witiza, en moine actif et en curateur intelligent, avait jeté son dévolu sur quelques propriétés sises dans le rayon même de l'Abbaye : champs, vignes, jardins avec granges et maisons, partie au village d'Enne, partie à Canaveilles, à Manucullas, à Tobecale et à Llar.

Il obtint tous ces biens de Rauesinth qui les avait rachetés, à la mort de son fils, des mains de Péricola, sa jeune femme, dont ils constituaient sans doute la dot. Le rondaire de Saint-André s'en accrut avantageusement tant au point de vue de la direction de l'exploitation, toujours plus facile à côté du siège central du domaine, qu'au point de vue de l'observance, toujours menacée par l'éloignement du Supérieur et de la communauté, suite inévitable des exploitations à distance.

Deux ans après, nouvelle acquisition, mais celle-ci à titre absolument gratuit et doublée de l'acquisition de la personne même du donateur.

On ne peut pas, en effet, interpréter différemment l'acte du moine Armentarius, faisant abandon à l'Abbé Witiza de la moitié d'un sien héritage au villar de Sauto, comprenant, comme tous les autres domaines de ce temps, des maisons, des granges, des jardins et des champs. L'autre moitié était allée ou était restée à la famille du moine ; car pour lui, dit la règle de saint Benoît, *nihil sibi reservans ex omnibus ; quippè qui ex illo diè nec proprii corporis potestatem se habiturum sciat.* (Cap. 58.)

Assez indifférente en soi pour l'historien, cette libéralité d'un novice en faveur du monastère qui recevait sa profession, emprunte à une clause du titre de donation le plus vif intérêt. Witiza, en effet, s'y trouve mentionné comme représentant non pas sa communauté d'Exalada, mais les *moines de Saint-Germain.*

La ruche-mère avait donc essaimé ; le tronc de l'arbre avait poussé un rejeton. On n'en doit pas être surpris. L'exemple des prêtres venus d'Urgel pour fonder le monastère d'Exalada et y embrasser la vie monastique avait provoqué un retentissement et allumé une pieuse émulation dans le pays ; le flot avait succédé au flot et les recrues, comme nous l'avons déjà vu pour un certain nombre, se suivant et se multipliant, la population bénédictine de Saint-André n'avait pas tardé à se sentir à l'étroit dans l'humble monastère. Le besoin inné d'expansion qui s'agite au fond de tout corps vivant et florissant s'était en même temps fait jour dans les esprits, et l'on avait songé à la fondation d'une *Celle* selon les traditions.

Un domaine entre tous ceux que possédait le monastère, s'était désigné de lui-même au choix de Witiza, et avait appelé ses préférences; douceur du climat, fertilité du sol, étendue des dépendances, calme de la solitude, toutes les conditions d'une fondation monastique s'y trouvaient réunies à souhait : c'était le villar de Cuxa, le domaine de prédilection de l'ex-archidiacre moine, ce bijou rural dont il s'était réservé la jouissance et la propriété sa vie durant.

Protase, à cette époque, s'était déjà dépouillé en faveur du monastère où depuis bien longtemps il recevait une si fraternelle hospitalité. Witiza reconnaissant en son ami des qualités supérieures pour la direction d'une communauté monastique porta son dévolu sur lui et le chargea de la nouvelle fondation. Voilà Protase prieur de la *Celle* de Cuxa. Il se sépara donc de l'Abbé d'Exalada qu'il ne revit plus, car la grande catastrophe ne tarda pas à éclater. Witiza fut victime de la terrible inondation et disparut avec une grande partie de son personnel et de tout le matériel de son monastère.

Witiza clôture la liste très courte des Abbés de
Saint-André, l'Abbé Protase ouvre celle des
Abbés de Saint-Germain de Cuxa, formant ainsi
l'anneau qui relie ensemble les destinées des deux
principaux monastères bénédictins de notre Conflent, et les fond dans une seule et même histoire.

CHAPITRE V

Le monastère d'Exalada eut une durée de trente
quatre ans. Sa fondation eut lieu nous l'avons dit,
en 745, et l'année 779 vit sa fin, hélas ! trop lamentable.

Protase, à la nouvelle de la terrible catastrophe
inattendue, vole de Cuxa vers la vallée d'Engara.

Nouveau Jérémie, il pleure sur les ruines de son
ancien couvent, et les mains levées au Ciel, il
implore du fond de son cœur déchiré la miséricorde
de Celui dont la toute puissance dirige les événements, même les plus malheureux, au profit de sa
gloire et du bien futur de ceux qu'il semble vouloir ostensiblement châtier. Les décrets de la Providence, dans des événements de ce genre, sont, il
est vrai, d'une profondeur insondable. Il ne nous
appartient pas, dès lors, de vouloir les scruter.
Toutefois, ils offrent souvent un côté ouvert, à
l'aide duquel il nous devient possible de découvrir
des leçons terribles, qui sont ou le résultat de nos

propres fautes, ou la conséquence d'une solidarité
humaine, telle que Dieu l'a établie ici-bas, pour
l'expiation des iniquités des hommes en particulier
ou en général.

Dans aucun de ces deux cas, nous nous gardons
de nous prononcer sur l'événement de la destruction totale de l'Abbaye de Saint-André, qu'elle soit
un effet ou de la justice de Dieu ou de sa miséricorde, une conséquence d'un châtiment local ou
d'une solidarité expiatoire ; à Celui qui sonde les
reins et les cœurs en appartient tout le secret.

La vue de l'effrayant spectacle étreignit d'une
émotion profonde l'âme de Protase ; et, plus touché
de la disparition des moines, victimes de la crue
diluvienne que de la désolation des survivants, il
offrit cordialement à ces derniers l'hospitalité dans
son prieuré de Cuxa.

Les pauvres réfugiés se partagèrent entre la *Celle*
principale et la *Celle* de Dolcerons, récemment
créée et bâtie sur un plateau qui domine l'entrée
de la vallée de Cuxa. Aujourd'hui, cet ancien
Prieuré où ne firent que passer les victimes de la
crue d'Exalada pour rentrer au Prieuré principal
de Cuxa, est un ermitage dédié à Saint-Jean-Bap-
tiste. Le site qu'occupe cette chapelle visitée, le
24 juin, par les pèlerins de Prades et des villages
voisins, est très agréable et bien pittoresque. Le
Canigou s'y montre avec son aspect imposant.

Nous terminons cette si touchante histoire, en
disant que quelques-uns des anciens bienfaiteurs
de Saint-André se réunirent spontanément à l'effet

de rétablir une partie des titres emportés par les eaux. Avec eux d'autres habitants du pays recons-tituèrent d'anciens actes de vente, également per-dus.

Le même travail de reconstitution fut repris et continué dans trois plaids successifs, tenus les deux premiers à l'église de Saint-Etienne d'Astoher et le troisième à l'église de Saint-Martin de Clara. Dans ces trois plaids, le moine Protase, toujours Prieur de Cuxa, avait pour mandataire un nommé Borrel que ce dernier appréciait et estimait à cause de son équité bien reconnue.

Les décisions données furent à l'avantage des réclamants qui continuèrent à rester propriétaires des domaines acquis à la malheureuse Abbaye de la vallée d'Engara.

PIÈCES JUSTIFICATIVES

1

A los 13 de setiembre del año 745, reynando en Francia
Childéric III, unos buenos sacerdotes en compañia de algunos seglares, movidos por inspiracion divina, vinieron de la
Seo de Urgell, y llegaron à un lugar llamado Exalada, que
está en lo alto del vall de Conflent, cerca del rio Tet. Hicieron
alli mancion, y edificaren una iglesia y monasterio à honra y
gloria de Dios Nuestro Señor, y del apostol san Andrès. Hicieron esta institucion y fundacion de sus proprios bienes.
Acabado con toda perfeccion, el monasterio fué poblado de
monjos claustrales de san Benito.

Esto monasterio, el año 779 de Christo Señor nuestro,
treinta y quatro años despues su primera fundacion, por estar
edificado muy cerco del rio Tet, fué destruydo y arrachinado
hasta los fundamentos por las grandes inundaciones ; pere-
ciendo y muriendo casi todos los monjos con su Abad : solo
por gran ventura escaparon cinco.

Estos cinco monjos recurieron al emperador de Prothasio,
archediacro de Urgell, que los era muy effecto y bien hichor,
y tenia hermandad particular con ellos ; y referendo lo que
los havia sucedido estaba el monasterio en aquell sitio, 34 años,
en losquales presidieron en ello tres Abados que fueron
Eldebertus, Witiza y Comenbatus.

Antonio de YEPES,
Cronista general de la orden de San-Benito.
*(Archivos del cuerpo de Canonigos de la
catedral de la Seo d'Urgel.)*

2

PREMIÈRE CHARTE DE CHARLEMAGNE

Anno 771.

In nomine sanctæ et individuæ Trinitatis,

« Carolus, gratià Dei rex, omnibus episcopis, abbatibus, ducibus, comitibus, vicarijs, centenarijs, actionarijs, missis nostris discurrentibus, vel cunctis fidelibus sanctæ Dei ecclesiæ, nostris que presentibus scilicet et futuris notum sit, quia si erga loca divino cultui mancipata tuitionem impertimur, non solum regalem consuetudinem exercemus, verum etiam ad æternæ retributionis mercedem nobis talia facta profutura confidimus.

« Proinde comperiat omnium vestrorum, præsentium se licet, et futurorum solertia, quoniam sacerdotes septem liberi genere, id est Vuitiza, Protasius, Victor, Lucanus, Guntefredus, Reccesuuindus, Sanctiolus venientes ex parrochiâ civitatis, quæ vocatur Orihel, accepta à Vuisado ipsius civitatis episcopo licentia, verum et adjutorio, sed et alii post eis conjuncti homines liberi, Attila, Baro, Leudohirus, cum reliquis eis se conjungentibus, secesserunt ad locum qui dicitur Exalada juxta fluvium nomine Tede, in capite vallis Confluentis : et, Childerico tertio regnante, emerunt de rebus propriis, et facultatibus, piissimi patris mei Pepini et fidelium sibi liberalitate conlatis, locum servis Dei aptissimum ibique construxerunt monasterium in honore sancti Andreæ apostoli, sed et aliorum apostolorum Petri, Joannis et Thomæ, ipsum monasterium Deo cooperante ad effectum usque perduxerunt : qui locus supradictus est situs in confinio Ceridaniæ marchiæ nostræ sub diœcesi Fredali Narbonensis archiepiscopi, et parrochia Audesindi Elnensis episcopi. Unde nostram excellentiam petierunt ut eundem locum sub nostra immunitate et defensione ac mundeburde susciperemus, et per preceptum

nostrum illis et suis successoribus, et eidem loco prœsentibus
et futuris temporibus tale privilegium concedamus quatenus
post Deum sub manu et potestate nostra ac successorum nostrorum ipse locus et in ibi habitantes sub regiâ potestate
perpetuo maneant : et in eodem loco degentes sub monastico
ordine vivant : atque ut licentiam eligendi abbatem ex seipsis
secundum regulam sancti Benedicti omni tempore habeant :
et ut nullus parauerendum, aut pascuarium vel mansionaticum, aut aliquam indebitam exactionem ab eis, vel suis successoribus de eodem loco vel de rebus ad eundem locum
pertinentibus tam præsentibus quam futuris temporibus
exigat, sed quiete liceat eis pro statu sanctæ Dei ecclesiæ, et
regis ac regni stabilitate orare. Quorum petitionem rationabi-
lem judicantes, eis in omnibus annuere judicavimus decer-
nentes, ut tam præsentibus quam futuris temporibus idem
monasterium cum omnibus rebus ad se nunc pertinentibus, et
quæ futuris temporibus ad eundem locum conlatæ fuerint, vel
quas in eodem monasterio degentes juste et rationabiliter
acquirere quocumque modo potuerint, privilegium, et immu-
nitatem habeat, et sud defensione ac mundeburde regiæ potestatis permaneat ; et in eodem loco habitantes sub monastico
ordine vivant : et licentiam eligendi ex seipsis secundum regulam sancti Benedicti abbatem omni tempore habeant : in cujus
abbatis regulari ordinatione episcopus ipsius civitatis, in cujus
parrochia ei monasterium, nullam difficultatem exhibeat ; vel
quamcumque exactionem contra regulas sacras eidem loco
imponat ; nec pro ordinatione ecclesiasticorum ministrorum,
vel pro largitione consecrati olei vel chrismatis quodcumque
emolumentum contra canones sacros ab abbate, vel a monachis
monasterii ipsius requirat. Et nullus judex publicus vel quis-
libet ex judiciariâ potestate seu aliquis ex fidelibus regni nostri, vel successorum nostrorum paraveredum, aut pascuarium,
vel mansionaticum, aut aliquam indebitam exactionem ab eis
vel ab eorum successoribus exigat : neque in ecclesias aut ad
loca vel agros seu reliquas possessiones memorati monasterii
ubi et ubi constitutas quas nunc habere videtur vel de cœtero

per futura tempora idem monasterium adquirere potuerit, ad causas audiendas, vel freda exigenda, aut mansiones, aut paratas faciendas, vel fide jussores tollendos, aut homines ipsius monasterii injuste distringendos, vel paraveredos, aut pascuarios exigendos : nec ullas redibitiones vel illicitas occasiones requirendas, aut quamcumque inquietudinem ipsi loco et ejus habitatoribus inferendam licentiam habeant : vel ad ejus monasterii loca ullo umquam tempore ingredi valeant, vel exactare præsumant, sed liceat memorati, monasterii, cum omnibus, quæ in suâ ditione habuerint, sub immunitatis tuitione quieto ordine possidere, atque pro statu sanctæ Dei ecclesiæ, et pro stabilitate regiæ potestatis, et regni nostri, atque pro populo nobis subjecto Domini misericordiam exorare. Et ut hæc auctoritas, nostris futurisque temporibus eam subter firmamus et de anulo nostro jussimus.

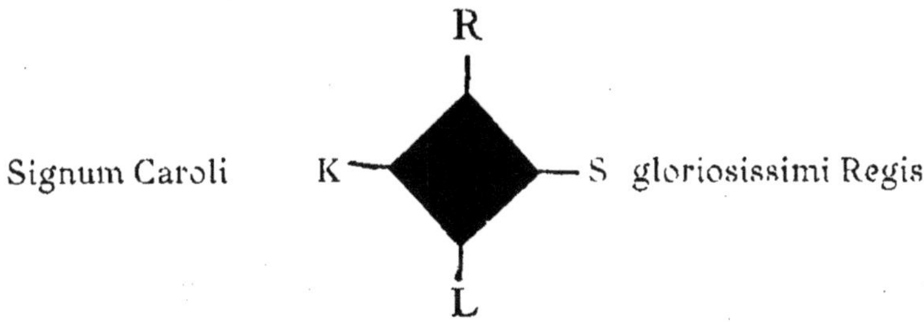

Adalgarius notarius ad vicem Gozlini recognovit. — Actum Doziaco palatio regio, die quinto Augusti, anno DCCLXXI, feliciter. Amen.   M. H.

(Locus Sigilli.)

Sig † num meum Hyacinthi Vilar apostolicâ regiâque auctoritatibus villæ Pratæ Confluentis Elnensis diœcesis notarii publici scribæque et secretarii illustris capituli dicti monasterii sancti Michaëlis de Cuixano ; qui præ insertum exemplum à suo originali privilegio in pergamenco exarato non vitiato non cancellato neque in aliquâ ejus parte suspecto in archivio scripturarum publicarum dicti monasterii recondito. Jam collationatum et comprobatum per magnificum Onofrium Balaguer quondam burgensem eisdem auctoritatibus notarium

antecessorem meum in dicto officio cum eodem originali colla-
tionavi et comprovavi ac concordare inveni et ideo in fidem
præmissorum requisitus die decima aprilis anno à nativitate
Domini millesimo sexcentesimo septuagesimo.

Clausi. H. V.

Ego, Joannes Felip et Balanda aucthoritate regiâ notarius
publicus villæ Prattæ vivariæ Confluentis, Elnensis diœcesis,
scribaque totius jurisdictionis Abbatiæ monasterii sancti
Michaëlis de Cuixano, ordinis divi Benedicti supra insertum
instrumentum fideliter extractum à quodam libro intitulato
Liber diversas scripturas ad jurisdictionem Abbatis monasterii
sancti Michaëlis pertinentes continens, archivo dicti monasterii bene recondito non viciato non cancellato neque in aliquâ
ejus parte suspecto comprovatum et collationatum ut supra
dictum est comprovavi et cum suo originali concordare reperii.
Et ad instantiam multum illustris multumque reverendi
D. D. Salvatoris de Copons abbatis jam dicti monasterii,
clausi die 10 octobris 1740 et meum solitum apposui.

Signum † F. B.

Reçu pour le salaire de la présente deux livres
treize sols et quatre deniers. 2ᴸ 13ˢ 4ᵈ.

TABLE DES MATIÈRES

Saint-Martin-du-Canigou

CHAPITRE PREMIER

CHAPITRE II

CHAPITRE III
(De 1014 à 1044)

CHAPITRE IV
(De 1044 à 1110)

CHAPITRE V

(De 1110 à 1255)

CHAPITRE VI

(De 1255 à 1347)

CHAPITRE VII
(De 1347 à 1441)

CHAPITRE VIII
(De 1441 à 1506)

CHAPITRE IX

(De 1506 à 1643)

CHAPITRE X

(De 1643 à 1779)

CHAPITRE XI

(De 1779 à 1788)

—————

Saint-André d'Exalada

—————

—————

9 782019 938239